WereldWijs

aardrijkskunde voor de tweede fase

Regionale beeldvorming

havo
WERKBOEK

Wout Lentjes • Hans Palings • Theo Savelkouls • Peter Teune
Jakob Schuiringa • Maarten Terlingen

MALMBERG

Delta
Aardrijkskunde

Voorwoord

Dit is een werkboek bij de aardrijkskundemethode *Wereldwijs* voor de tweede fase van het voortgezet onderwijs. Deze methode bestaat uit katernen of een handboek (HB), werkboeken (WB), antwoordenboeken (AB) en een Leerlingendisk.
Dit werkboek hoort bij de havo-module *Regionale beeldvorming*. Dat onderwerp komt aan bod op het schoolexamen of het centrale examen.

In je katern of handboek staat een voorwoord. Daarin wordt uitgelegd hoe je met *Wereldwijs* kunt werken. In dit werkboek vind je op bladzijde 4 een studiewijzer. Daarmee kun je zelfstandig of in overleg met je docent je leerroute plannen. Daarvoor is het handig te weten hoe je basisstof en keuzestof kunt herkennen.
Elke module bestaat uit basisstof en keuzestof. De basisstof in het katern of handboek is zwart gedrukt tegen een witte achtergrond. Deze basiskennis wordt verduidelijkt met uiteenlopend bronnenmateriaal in de vorm van foto's, grafieken, kaarten e.d.
Er is ook keuzestof. Die keuzestof staat op een gekleurde achtergrond.
Gele achtergrond: de clips
Regelmatig wordt de basiskennis concreet gemaakt in de vorm van de clips met de kop 'Uit de praktijk'. Dit zijn boeiende praktijkvoorbeelden die je helpen de theorie beter te begrijpen. Soms wordt de basiskennis verdiept. Dat gebeurt in de clips met de kop 'Onder de loep'. Dit is stof voor de betere, snellere of extra geïnteresseerde leerling.
Blauwe achtergrond: de Delta-dossiers
De basisstof wordt toegepast binnen een regio. Over zo'n regio staan in het Delta-dossier allerlei bronnen. In dit werkboek herken je de vragen bij de Delta-dossiers aan de grijze achtergrond. De vragen volgen het Delta-stappenplan voor een onderzoek.
Groene achtergrond: Aardrijkskunde in de praktijk
Hier vind je praktische opdrachten en interviews. De praktische opdrachten zijn heel belangrijk. 60% van je schoolexamencijfer bestaat uit de resultaten voor de praktische opdrachten. Ook op je Leerlingendisk bij het onderdeel *Novib DO IT!* zijn praktische opdrachten opgenomen.

Aan het einde van het werkboek wordt de kern van de algemene theorie van *Regionale beeldvorming* in een schema samengevat (*Samenhang*). Dit is een mooie aanvulling op de hoofdstuksamenvattingen in je katern of handboek.

Bespreek voor je aan de slag gaat, met je docent(e) nog het volgende:

- Hoe, waar en wanneer gebruik je de Leerlingendisk?
- Hoe ga je om met groepsvragen en vragen over de eigen omgeving?
- Wanneer en waar (thuis of op school) maak je de atlasvragen?
- Werkt iedereen in zijn eigen tempo?
- Soms wordt verwezen naar een bron, soms naar een figuur. Wat is het verschil?
- Wanneer maak je de praktische opdrachten en hoe presenteer je de resultaten daarvan?
- Hoe corrigeer je? Gebruik je daarbij de antwoordenboeken?

Succes!
De samenstellers.

ISBN 90 208 4029 0

04 03 02 01 00 99 98
9 8 7 6 5 4 3 2 1

Vormgeving: Rob Bulder/ Hans Fickinger.
Opmaak: Jeroen Reith.
Grafische illustraties en cartografie: Reijers Kartografie.
Foto's: Sunshine; Jakob Schuiringa.

MODULE

Regionale beeldvorming

Inhoud

Studiewijzer module Regionale beeldvorming

	Van theorie naar praktijk	Van praktijk naar theorie
Maximumroute (basis + 75% keuzestof)	**A** Eerst theorie in handboek dan opdrachten in het werkboek	**B** Start met de opdrachten in het werkboek en bestudeer door de opdrachten gestuurd de theorie in het handboek
Standaardroute (basis + 50% keuzestof)	**C** Eerst theorie in handboek dan opdrachten in het werkboek	**D** Start met de opdrachten in het werkboek en bestudeer door de opdrachten gestuurd de theorie in het handboek
Minimumroute (basis + 25% keuzestof)	**E** Eerst theorie in handboek dan opdrachten in het werkboek	**F** Start met de opdrachten in het werkboek en bestudeer door de opdrachten gestuurd de theorie in het handboek

Vul leerroute in	basis/ keuze	slu b	slu k	doen + datum	gedaan + datum	oefentoets disk + score	met of zonder vakdocent
intro / planning		1					
Hoofdstuk 1 **Regionale beelden en ruimtelijk gedrag**							
1 Verkenning	keuze		1				
2 Analyse	basis	4					
3 Reflectie	basis	1					
Regionale toepassing	keuze		2				
Hoofdstuk 2 **Manipuleren van regionale beelden**							
1 Verkenning	keuze		1				
2 Analyse	basis	4					
3 Reflectie	basis	1					
Regionale toepassing	keuze		1				
Hoofdstuk 3 **Geografische controle van het regionale beeld**							
1 Verkenning	keuze		1				
2 Analyse	basis	4					
3 Reflectie	basis	1					
Regionale toepassing	keuze		1				
Aardrijkskunde in de praktijk							
Praktische opdracht 1	keuze		1				
Praktische opdracht 2	keuze		2				
Praktische opdracht 3	keuze		1				
Interview	keuze		1				
Delta-Dossier Module							
Regionale toepassing	keuze		4				
Toetsing							
1 oefentoetsen en examenvoorbereiding via de Leerlingendisk (zelfstandig)	keuze		4				
2 klassikale toetsen (zie hieronder)	basis	4					
Totaal 30 slu		**20**	**20***	*Hiervan kies je bij een standaardroute de helft.			

	Toets 1	Toets 2
Toetsdata		
Toetsscore		

Data overleg met de docent		

1 Regionale beelden en ruimtelijk gedrag

VERKENNING

In deze verkenning gaat het om de vragen:

- **Wat weet ik al van de manier waarop het beeld van een gebied is opgebouwd?**
- **Wat weet ik al van het verband tussen het beeld van een gebied en het ruimtelijke gedrag?**

Aan het eind van het hoofdstuk kun je:

Het verband aangeven tussen het regionale beeld van een bevolkingsgroep in een gebied en het ruimtelijk gedrag.

VOORBEELDEN VAN REGIONALE BEELDEN

1 a Lees de volgende tekstblokjes. Geef aan of er sprake is van **objectieve informatie** (*o*) of **subjectieve informatie** (*s*).

Tekst 1
Het gebied kent de sprookjesachtige sfeer van een eiland in de Middellandse Zee. ....

Tekst 2
Binnen een straal van 100 meter van de woning bevinden zich een winkelcentrum, een apotheek en een basisschool. ....

Tekst 3
Het bedrijvenpark biedt een internationale uitstraling voor uw bedrijf, een absolute toplocatie. ....

Tekst 4
De luxe appartementen liggen midden in een bruisend stadsdeel met een stedelijke allure. ....

Tekst 5
Reistijd naar de vakantiebestemming vanaf Schiphol: 3 uur vliegen, 2 uur met lokale bus. ....

Tekst 6
Het gemiddelde bedrijfsoppervlak bedraagt 2500 m². Het aantal parkeerplaatsen per bedrijf is minimaal 30. ....

b De tekstblokken horen bij drie gebieden. Per gebied zijn er twee tekstblokken. Welke tekstblokken horen bij elkaar? ....

....

c Welk(e) tekstblok(ken) hoort (horen) bij een **mentaal beeld**, een **geografisch beeld** en een **regionaal beeld**? Vul de tabel in.

mentaal beeld	geografisch beeld	regionaal beeld
....	....	....
....	....	....
....	....	....

2 Lees fig. 1.
Kruis aan welke van de volgende begrippen uit dit hoofdstuk op de tekst van toepassing zijn.

- ☐ mentaal beeld (subjectief);
- ☐ geografisch beeld (objectief);
- ☐ **ruimtelijk gedrag**;
- ☐ regionaal beeld.

FIGUUR 1

Amsterdam herovert vierde plaats in top-tien van toeristensteden

Toeristisch Amsterdam klopt zich op de borst. De vierde plaats op de ranglijst van Europese toeristensteden is heroverd. De stad staat nu weer op de hoogst haalbare plaats achter Londen, Parijs en Rome. Begin jaren negentig kwamen steeds minder toeristen naar Amsterdam. De oorzaak lag niet aan het beeld van Amsterdam als seks- en drugsstad. Nee, Amsterdam werd gezien als een te dure en te smerige stad waar het ook nog stinkt.

Vrij naar: de Volkskrant, 13 december 1997.

3 Stel, je gaat met vrienden of vriendinnen twee weken op vakantie naar de zon.

a Zet de volgende zinnen die gaan over de keuze van je vakantiegebied in de juiste volgorde. Nummer de stappen van 1 t/m 7.

.... Zeeland valt als vakantiegebied af, want het weer is in Nederland te wisselvallig. Het gebeurt maar al te vaak dat het in de zomer veel regent. Langs de Middellandse Zee is het altijd mooi weer, dus dat wordt de vakantiebestemming: Spanje of Frankrijk.

.... Vrienden die een keer in Spanje zijn geweest, vertellen dat alle Spaanse kustplaatsen in de zomer overvol zijn en erg eentonig. Spanje valt af.

.... In de atlas zoeken we de gemiddelde temperaturen in de zomer in Zeeland, de Costa del Sol en de Franse zuidkust op. Zeeland: 16,5 – 17 °C; Costa del Sol: 20 – 25 °C; Franse zuidkust: 17,5 – 20 °C.

.... Op 23 juli is het vertrek naar een camping in de buurt van Toulon aan de Franse Middellandse-Zeekust.

.... Met behulp van een wegenkaart berekenen we de reisduur naar de mogelijke vakantiebestemmingen. Zeeland: 3 uur; Zuid-Frankrijk: 14 uur; Costa del Sol in Spanje: 26 uur.

... We willen naar een vakantiegebied met zonnig en warm weer. Onze voorkeur gaat uit naar een camping vlak bij het strand en waar vooral jongeren kamperen.

.... Zeeland lijkt een leuk vakantiegebied. Het schijnt er erg gezellig te zijn. Spanje en Frankrijk hebben ook veel sfeer.

b Geef van de zinnen aan of ze horen bij *wensen*, een *mentaal beeld*, een *geografisch beeld* of *ruimtelijk gedrag*.

wensen: ....

mentaal beeld: ....

geografisch beeld: ....

ruimtelijk gedrag: ....

EXTRA: VERKENNING VIA DE LEERLINGDISK

4 Hoe correct is jouw beeld van je gemeente?

a Maak een schatting van de kenmerken in de tabel en vul ze in.

kenmerk	schatting		gegevens Leerlingendisk	
	Nederland	eigen gemeente	Nederland	eigen gemeente
aantal inwoners	....	....	....	....
bevolkingsdichtheid	....	....	....	....
% werkzaam in de landbouw	....	....	....	....
% werkzaam in de nijverheid	....	....	....	....
% werkzaam in de diensten	....	....	....	....

b Zoek de gegevens van je gemeente en heel Nederland op de Leerlingendisk en zet ze in de tabel.

c Klopte je beeld van Nederland of van je eigen gemeente?

....

....

HIER GAAT HET HOOFDSTUK DUS OVER

5 Iedereen heeft van gebieden een regionaal beeld.
Als het beeld meer gebaseerd is op subjectieve informatie, spreek je van ....
Als het beeld meer gebaseerd is op objectieve informatie, spreek je van ....
Het regionale beeld is van invloed op ....

....

ANALYSE

In dit deel ga je bekijken op welke manier een regionaal beeld tot stand komt en wat de invloed van een regionaal beeld is op het (ruimtelijk) gedrag van mensen. Je doet dit door eerst de betekenis van de verschillende begrippen te bestuderen en daarna kijk je of je die begrippen kunt toepassen.

MENTAAL BEELD, GEOGRAFISCH BEELD EN REGIONAAL BEELD

6 Bestudeer bron 1.
Wat is juist? Een regionaal beeld:

- ☐ bestaat uit objectieve informatie;
- ☐ gaat over de indruk die mensen hebben van een gebied;
- ☐ is het beeld van de **ontvanger** van informatie;
- ☐ is het beeld van de **zender** van informatie;
- ☐ betreft de ligging, grootte en de kenmerkende verschijnselen van een gebied;
- ☐ is het juiste beeld van een gebied;
- ☐ omvat elementen van het mentale beeld en het geografische beeld.

7 Zet de volgende informatiebronnen over een gebied in de juiste kolom: *atlas; eigen waarneming in het veld; reclamekrant; Leerlingendisk; reisgids; aardrijkskundeboek; ambassadefolder; advertentieborden van de gemeente.*

mentaal beeld	geografisch beeld
....	....
....	....
....	....
....	....

8 Lees clip 2. Geef van de volgende uitspraken aan of er sprake is van een **stereotype** (*s*) of een **imago** (*i*).

.... Alle wereldsteden kennen een hoge criminaliteit.
.... Zwitserland is bergachtig.
.... Rome is een stad vol kerken.
.... Oude woonwijken zijn probleemwijken.
.... Amerika is het land van de onbegrensde mogelijkheden.
.... In Engeland regent het altijd.
.... Ontwikkelingslanden hebben een kwetsbare economie.
.... Bangladesh is een arm land.

REGIONAAL BEELD EN AFSTAND

9 Welk beeld heb jij van de afstanden in Europa?

a Zet de volgende plaatsen in een volgorde wat betreft de afstand vanuit Amsterdam hemelsbreed. Nummer ze van 1 (dichtbij) t/m 10 (ver weg).

stad	schatting	controle
Athene	....	....
Barcelona	....	....
Berlijn	....	....
Budapest	....	....
Lissabon	....	....
Moskou	....	....
Parijs	....	....
Praag	....	....
Rome	....	....
Wenen	....	....

b Gaat vraag a over je geografische, mentale of regionale beeld?

....

c Controleer je antwoord op vraag a met behulp van GB60. Zet de juiste volgorde in de tweede kolom.

d Gaat opdracht c over het geografische, mentale of regionale beeld? ....

e Welke conclusie kun je trekken? De afstand van Amsterdam naar:

- Zuid-Europese steden wordt *te lang/te kort* ingeschat;
- Oost-Europese landen wordt *te lang/te kort* ingeschat.

10 Hoe goed ken je de ligging van de grote plaatsen in Nederland en hun onderlinge afstanden?

a Wat is juist? Het gaat om de hemelsbrede afstand.

☐ De afstand Meppel – Amsterdam is korter dan de afstand Amsterdam – Den Bosch.

☐ De afstand Breda – Rotterdam is korter dan de afstand Rotterdam – Amsterdam.

☐ De afstand Den Helder – Vlissingen is even groot als de afstand Maastricht – Zwolle.

☐ De afstand Leeuwarden – Utrecht is even groot als de afstand Utrecht – Maastricht.

☐ Enschede ligt noordelijker dan Hilversum.

☐ Groningen ligt op dezelfde breedte als Leeuwarden.

☐ Arnhem ligt ten zuidoosten van Apeldoorn.

b K Controleer de uitspraken met behulp van GB28.

Hoe goed is jouw beeld? ....

REGIONAAL BEELD EN RUIMTELIJK GEDRAG

11 Bekijk bron 3.

Een ondernemer wil een vakantiepark aanleggen. Geef van de volgende uitspraken aan of er ten aanzien van zijn ruimtelijk gedrag sprake is van: wensen (*w*), ontbreken van objectieve informatie (*i*), slecht mentaal beeld (*m*) of **beperkingen** (*b*).

.... Volgens het bestemmingsplan mag er niet gebouwd worden.

.... Er moet bos, natuur en water nabij de vakantiewoningen zijn.

.... De grondkosten zijn extreem hoog.

.... Er zijn geen goede kaarten van het gebied.

.... Er is een groot tekort aan goed personeel.

.... Het gebied heeft geen goede naam.

.... De bevolking in het gebied houdt niet van vreemdelingen.

.... Er is in het gebied nog nooit een marktonderzoek gedaan.

12 Bekijk fig. 2. De toeristische ontwikkeling van een gebied kent vaak een aantal fasen.

FIGUUR 2 **Aantal toeristen in een vakantiegebied tussen 1960 en 1995.**

jaar	aantal toeristen
1960	320 000
1965	360 000
1970	840 000
1975	1 210 000
1980	1 475 000
1985	1 750 000
1990	1 360 000
1995	1 010 000

a Welke drie ontwikkelingsfasen kun je in fig. 2 onderscheiden?

Fase 1: ....

....

Fase 2: ....

....

Fase 3: ....

....

b Welk regionaal beeld hoort bij welke periode? Noteer het nummer van de juiste periode.

.... Een volgebouwd vakantiegebied met lawaaiige badplaatsen. Het is de druk; er zijn erg veel toeristen.

.... Een rustig en goedkoop kustgebied met kleine vissersdorpjes. Het gebied is nog niet ontdekt, want er komen nauwelijks toeristen.

.... Een goed bereikbaar vakantiegebied met betaalbare accommodatie. Het lijkt niet meer zo primitief als vroeger.

c Heeft een verandering van het regionale beeld geleid tot een ander ruimtelijk gedrag? Verklaar je antwoord. ....

....

....

13 Vier mensen willen een bedrijf in een gebied vestigen. Fig. 3 toont hun regionale beeld en de beperkingen.

FIGUUR 3 **Het regionale beeld en de beperkingen van vier personen.**

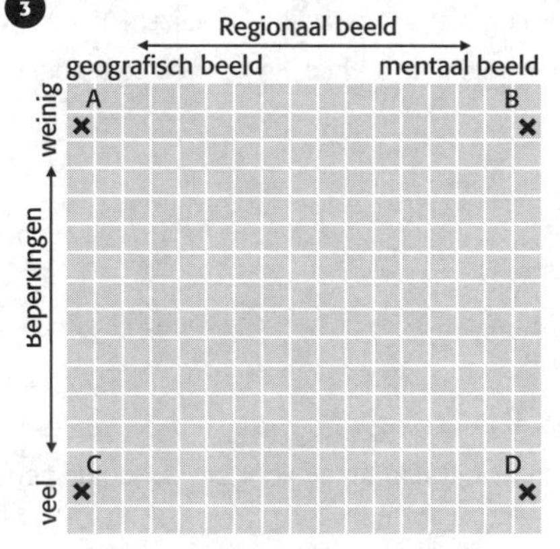

a Welke persoon is het meest in staat zijn wensen te realiseren?

.... Waarom? ....

....

....

b Welke persoon is het minste in staat zijn wensen te realiseren?

.... Waarom? ....

....

....

14 In fig. 4 staat het resultaat van een onderzoek naar de woonvoorkeur van schoolverlaters in Inverness (Schotland). Hoe hoger het getal, des te sterker is de voorkeur.

FIGUUR 4 **Woonvoorkeuren van schoolverlaters in Inverness.**

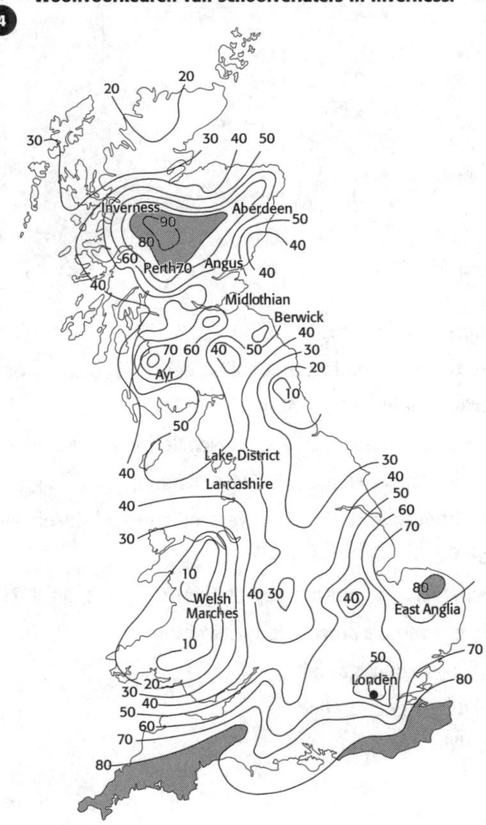

a Welke drie gebieden hebben het meest positieve regionale beeld?

....

....

b Noem drie gebieden met een ongunstig regionaal beeld.

....

....

c Denk je dat de kaart ook geldt voor 50-jarige inwoners van Inverness? Verklaar je antwoord. ....

....

....

d Het gunstige beeld dat jongeren uit Inverness van bepaalde gebieden hebben, betekent nog niet dat ze zullen verhuizen. Noem twee voorbeelden van beperkingen die verhuizing kunnen verhinderen.

....

....

....

15 Bestudeer bron 4.

a Wie heeft het beste regionale beeld van de woonwijk van het gezin? ....

b En wie van de stad of omgeving? ....

c O Teken in fig. 5 jouw tijd-ruimtepad voor een schooldag en een zaterdag.

d G Bepaal wie van de klas op een schooldag de grootste afstand aflegt. Dat is ....

Heeft hij/zij ook de beste kennis van de omgeving van de school?

....

Figuur 5 **Tijd-ruimtepad.**

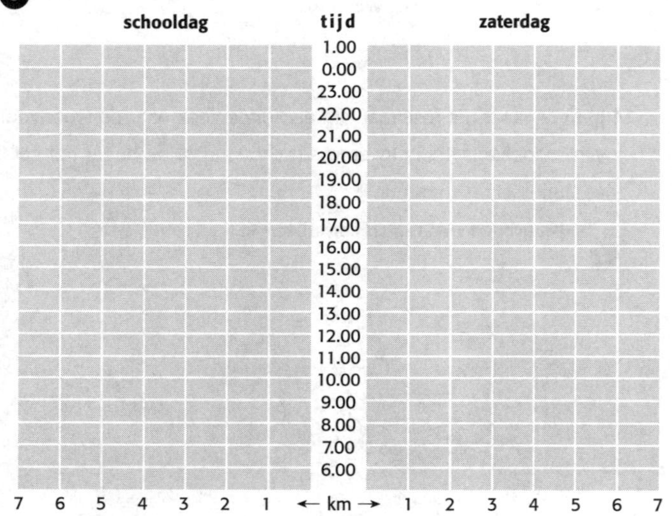

16 Bestudeer bron 5 en lees clip 4.

a Welke van de volgende factoren zullen een rol spelen bij de verschillen in bekendheid van Los Angeles?

- ☐ verschillen in inkomen;
- ☐ verschillen in leeftijd;
- ☐ verschillen in nationaliteit;
- ☐ verschillen in opleiding;
- ☐ verschillen in autobezit;
- ☐ verschillen in televisiebezit.

c Bekijk ook fig. 6.

In deze figuur staan drie tijd-ruimtegrafieken zoals in bron 4. Zet bij elke bevolkingsgroep uit bron 5 de juiste grafiek.

Blanke bevolkingsgroep: grafiek ....

Zwarte bevolkingsgroep: grafiek ....

Spaanse bevolkingsgroep: grafiek ....

Figuur 6 **Drie tijd-ruimtepaden.**

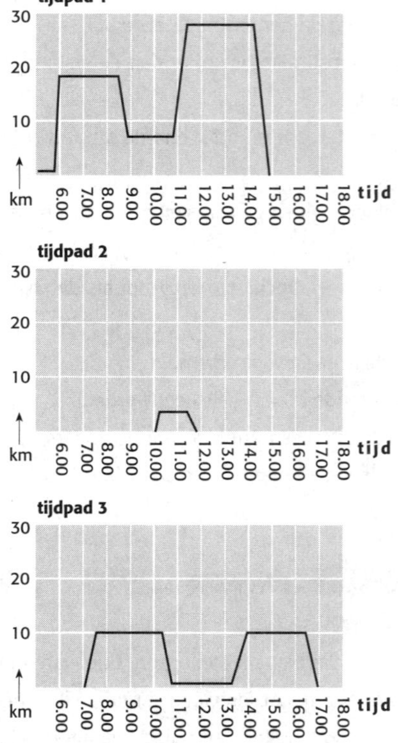

17 K Bekijk GB57E en F.

a Welke kaart gaat over een regionaal beeld en welke over ruimtelijk gedrag?

GB57E: ....

GB57F: ....

b Noem twee factoren die de afname van de vestigingsvoorkeur voor het gebied Den Haag – Rotterdam – Haarlem verklaren.

....

....

....

c Noem twee factoren die de toename van de vestigingsvoorkeur voor Noord-Brabant en Zuid-Limburg verklaren. ....

....

....

Gevaar en ruimtelijk gedrag

18 Lees §3.1.

a Waarom gaan de mensen in Nepal in de omgeving van het Tsho Rolpameer niet verhuizen? Zijn de uitspraken *juist* of *onjuist*?

1 Hun voorouders leefden er al. ....

2 Ze weten niet dat het gevaarlijk is. ....

3 Ze hebben een groot vertrouwen in de technische kennis voor de bestrijding van het gevaar. ....

4 Ze hebben geen geld om te verhuizen. ....

5 In andere welvarende gebieden worden ze niet toegelaten. ....

....

6 Ze hebben geen mentaal beeld van het gebied. ....

7 Het is lang gelden dat er een ramp is gebeurd. ....

8 Ze hebben een goed waarschuwingssysteem. ....

b Welke uitspraken gelden ook voor de Nederlanders? ....

19 K Lees clip 5.

a Waarom wonen bewoners van vulkanische gebieden graag op vulkaanhellingen? ....

b Bekijk GB153.

Kruis de juiste uitspraken aan. De bewoners van vulkaanhellingen in Indonesië en op de Filipijnen blijven er wonen, omdat:

- ☐ vulkaanhellingen zeer vruchtbaar zijn;
- ☐ de tropische bodem buiten de vulkaanhelling arm is;
- ☐ het gevaar wordt gecompenseerd door economische voordelen;
- ☐ ze geen kennis hebben van de werking van vulkanen;
- ☐ de uitbarstingen nooit echt levensbedreigend zijn.

20 **K** Bekijk fig. 8 over **natuurrampen** en GB156 en 162.

a Vul in de tabel in met welk gevaar de genoemde landen kampen. Kies uit: *vulkaanuitbarsting en/of aardbeving; droogte; overstroming.*

b Bekijk GB173A.

Welke twee landen zijn waarschijnlijk het minst in staat om de gevolgen van een natuurramp op korte termijn op te lossen?

....

REFLECTIE

Wat heb je nu geleerd? Welke kennis is bruikbaar bij vraagstukken over regionale beelden en ruimtelijk gedrag?

21 Bestudeer de samenvatting van dit hoofdstuk in je handboek. Daarin staat de algemeen bruikbare kennis.

22 Zie de teksten in fig. 7. Is er sprake van: *mentaal beeld; geografisch beeld; regionaal beeld; ruimtelijk gedrag; gevaar en ruimtelijk gedrag*?

Tekst 1: ....

Tekst 2: ....

Tekst 3: ....

Tekst 4: ....

Tekst 5: ....

Tekst 6: ....

FIGUUR 7

Tekst 1
Steeds meer jonge mensen met een goed inkomen gaan in oude, opgeknapte grachtenpanden in Amsterdam wonen. Deze groep mensen wil graag in de oude binnenstad wonen.

Tekst 2
Wat gebeurt er als je op een kaart Scandinavië naar beneden zou klappen, met Amsterdam als scharnierpunt? Waar zou de Noordkaap van Noorwegen terechtkomen: in Frankrijk, Spanje of Marokko? Veel mensen kiezen Frankrijk. In werkelijkheid zal dat ver in Marokko zijn.

Tekst 3
In het Statistisch Jaarboek van Noord-Brabant staat veel informatie over werkgelegenheid. Je ziet dat Philips een belangrijke werkgever is.

Tekst 4
In San Francisco moeten flats bestand zijn tegen de trillingen van aardbevingen.

Tekst 6
Amerikaanse scholieren leren uit schoolboeken en via de tv dat in Nederland:
- het belangrijkste product de aardappel is;
- nog altijd steenkool wordt gewonnen;
- door verstedelijking weinig ruimte overblijft voor landbouw;
- het complete platteland bedekt is met tulpen.

Vrij naar: Geografie educatief, 1994.

Tekst 5
De Spaanse overheid is een reclamecampagne begonnen om Spanje te presenteren als een land met veel toeristische mogelijkheden. Van zeilen tot wintersport, van oude kastelen tot culturele steden, van theater tot culinaire restaurants. Men wil laten zien dat Spanje meer is dan alleen zon en strand.

23 Bekijk fig. 9.

De frequentie van busverbindingen wordt aangegeven door de dikte van de pijl (stroomdiagram). De staafgrafieken laten het resultaat zien van een enquête over de bereikbaarheid met het openbaar vervoer. Kies voor je antwoord op de volgende vragen uit: *geografisch beeld; mentaal beeld; regionaal beeld; beperking voor ruimtelijk gedrag.*

a De pijlen zijn een voorbeeld van een ....

....

b De staafgrafieken zijn een voorbeeld van een ....

....

c Het aantal busverbindingen is een voorbeeld van een ....

....

FIGUUR 9 **beoordeling busverbinding**

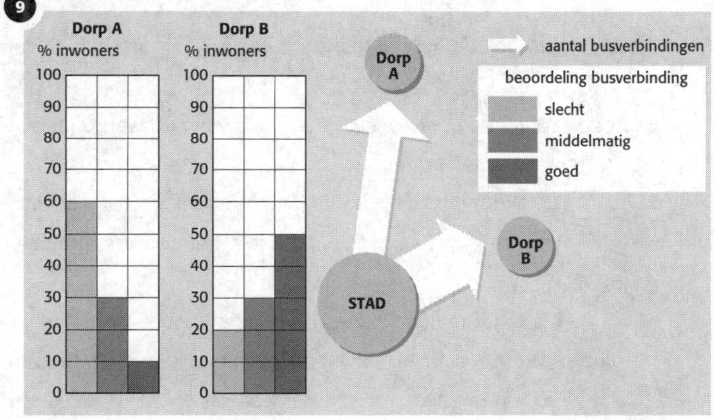

24 **O** Bekijk het lokale advertentieblad waarin ook informatie over de gemeente staat of kijk in de informatiegids van de gemeente.

a Geef een voorbeeld van objectieve informatie door de gemeente.

....

....

b Geef ook een voorbeeld van subjectieve informatie. ....

....

....

....

FIGUUR 8

land	gemiddeld aantal doden per natuurramp	natuurramp
Bangladesh	26 981	....
Chili	1107	....
Ethiopië	16 138	....
Indonesië	225	....
Iran	1103	....
Italië	2949	....
Japan	2005	....

Bron: Heinemann, Global Future Options. Berekening op basis van ten minste 25 natuurrampen tussen 1900 en 1988.

DOSSIER REGIONALE TOEPASSING HOOFDSTUK 1

Bangladesh

STAP 1: DE ONDERZOEKSVRAAG

1 De *hoofdvraag* bij het dossier Bangladesh luidt: Hoe is het ruimtelijk gedrag van de inwoners van Bangladesh ten aanzien van het gevaar van overstromingen?
Oriënteer je eerst op Bangladesh.
a K Zoek in de atlas Bangladesh op.
In welk werelddeel ligt Bangladesh? ....
Op welke geografische breedte en lengte ligt Bangladesh? ....
....
b C Vul met behulp van de Leerlingendisk, Data Landen de volgende tabel in.

	aantal inwoners	oppervlakte	bevolkingsdichtheid
Bangladesh	....	.... km²	.... inwoners/km²
Nederland	....	.... km²	.... inwoners/km²

c Vul nu met behulp van de CBS Data Nederland de gegevens voor Nederland nogmaals in. Aantal inwoners: .... miljoen.
Oppervlakte: .... km². Inwoners per km² is dus ....
Verklaar het verschil. ....
....
....
Conclusie: ook de gebruikte bron is van invloed op de regionale
....

2 Zet de volgende *deelvragen* in de juiste volgorde van onderzoek. Nummer ze van 1 tot 4.
...... Wat is de oorzaak van de overstromingen in Bangladesh?
...... Waarom is in Bangladesh het gevaar voor overstromingen groot?
...... Wat is het regionale beeld van de inwoners van Bangladesh ten aanzien van het overstromingsgevaar en de bestrijding daarvan?
...... Hebben de inwoners van Bangladesh ook de middelen om het gevaar te bestrijden?

STAP 2: HET ONDERZOEKSPLAN

Bij elk onderzoek maak je een plan. Daarin geef je aan waar je de informatie vandaan haalt, wie wat doet en wanneer. In dit dossier zijn veel gegevens al verzameld. De atlas geeft nog aanvullende informatie.

STAP 3: INFORMATIE VERZAMELEN

3 **a** Noem bij iedere deelvraag een bron die er informatie over geeft. Kies uit bron 8 t/m 13.
Deelvraag 1: bron ....
Deelvraag 2: bron ....
Deelvraag 3: bron ....
Deelvraag 4: bron ....
b K Noem bij de volgende onderwerpen betreffende Bangladesh een kaart die er informatie over geeft. Kies uit *GB112; GB113BC; GB115C; GB117; GB169A; GB173A.*

Neerslag: ....
Hoogteligging: ....
Rivieren: ....
Bevolkingsspreiding: ....
Economische positie: ....

STAP 4: INFORMATIE VERWERKEN

4 K Bekijk GB117.
a Wat is de hoogteligging van Bangladesh? ....
b Waar is in Bangladesh het gevaar voor overstroming groot?
☐ bij de benedenloop van de rivieren;
☐ bj de noordelijk grens;
☐ in het deltagebied bij de zee;
☐ in de dalen in het gebergte.

5 Bekijk bron 13.
Bangladesh kent op twee manieren overstromingsgevaar:
1 ....
2 ....

6 K **a** Bekijk GB113BC.
Is de kans op overstromingen van de Ganges en de Brahmaputra het grootst in de zomer of in de winter? ....
b Bekijk ook GB160E2 en E5.
Vergelijk de klimaatgrafieken van Amsterdam en Cherrapunji in de Himalaya. Wat is de verhouding tussen de hoeveelheid neerslag in juni in Amsterdam en Cherrapunji?
....
c Lees bron 11.
Waarom is de kans op overstromingen het grootst aan het einde van de natte moesson? ....
....

7 K Bekijk GB160BD en bron 9 en 10.
a Wanneer is het gevaar voor vloedgolven het grootst: rond januari of rond juli? ....
b Waarom? ....
....
....
c Hoeveel meter hoger staat het water bij een vloedgolf? ....

8 Bekijk bron 12 en 13.
Lees de volgende uitspraken over het bestrijden van overstromingen.
1 De bouw van dijken is technisch goed mogelijk.
2 Overstromingen zijn nodig voor de toevoer van vruchtbaar slib.
3 Een waarschuwingssysteem en vluchtplaatsen verminderen het gevaar.
4 De aanleg van dijken kan gefinancierd worden.
5 Met het gevaar van overstromingen moeten we leren leven.
6 Overstromingen op zó'n grote schaal zijn onacceptabel.
Welke uitspraken horen bij het regionale beeld van:
- de Nederlandse waterbouwkundige? ....
- de boer uit Bangladesh? ....

9 K Bekijk GB173A en 115C.
Waarom kunnen de inwoners van Bangladesh dure bedijkingswerken niet betalen? ....

STAP 5: BEANTWOORDEN VAN DE ONDERZOEKSVRAGEN

10 Waarom is het gevaar voor overstromingen in Bangaldesh groot?
Door de .... ligging van Bangladesh. Bij een overstroming is de omvang van de ramp meteen groot vanwege de .... bevolkingsdichtheid in het gevarengebied.

11 Wat is de oorzaak van de overstromingen in Bangladesh?
Twee oorzaken van de overstromingen zijn:
1 ....
2 ....

12 Wat is het regionale beeld van de inwoners van Bangladesh ten aanzien van het overstromingsgevaar en de bestrijding daarvan? ....

13 Hebben de inwoners van Bangladesh ook de middelen om het gevaar te bestrijden? ....

STAP 6: AFSLUITING

De afsluiting van een onderzoek bestaat uit deelstappen: eigen mening, presentatie van het antwoord en een terugblik op het leerproces.

14 G Bangladesh is door zijn lage ligging heel gevoelig voor overstromingen.

a Vinden jullie dat de bewoners van de rijke landen flink moeten bijdragen aan een duur bedijkingsproject?

b De uitstoot van CO_2 veroorzaakt een versterkt broeikaseffect. Als daardoor het klimaat op aarde warmer wordt en daardoor de zeespiegel zal stijgen, is dit rampzalig voor Bangladesh. Vinden jullie dat de situatie in Bangladesh voor Nederland een extra reden is om minder CO_2 in de lucht te brengen? Schrijf de conclusies hiernaast op en spreek met elkaar af wie namens de groep het antwoord presenteert.

RUIMTE VOOR AANTEKENINGEN

2 Manipuleren van regionale beelden

Verkenning

In deze verkenning gaat het om de vraag:

- **Herken je situaties waarbij met een bepaald doel een regionaal beeld gekleurd wordt?**

Aan het eind van het hoofdstuk kun je:

Minder betrouwbare regionale beelden onderscheiden van betrouwbare regionale beelden.

Voorbeelden van het beïnvloeden van regionale beelden

1 Bekijk fig. 1.

Je ziet zes regionale beelden. Vijf ervan zijn met een bepaald doel gekleurd.

Figuur 1

Tekst 1
De binnenstad straalt een bepaalde sfeer uit. De historische gebouwen zorgen voor een gemoedelijke omgeving. Smalle straatjes en gezellige pleinen nodigen uit voor een stadswandeling of een drankje op een gezellig terras.

Tekst 2
Het industriegebied is dichterbij dan u denkt. Een aansluiting op de snelweg zorgt voor een optimale bereikbaarheid. De prijs van de bouwgrond ligt ver beneden het landelijk gemiddelde.

Tekst 3
Veiligheid is een belangrijke zaak. Ons land moet zich goed kunnen verdedigen. De dienstplicht moet worden ingevoerd en er moet goed legermateriaal worden aangeschaft.

Tekst 4
Er zijn in de stad veel onderwijsinstellingen. Er zijn zeven basisscholen en twee scholen voor middelbaar onderwijs.

Tekst 5
De Waddenzee is een uniek internationaal natuurgebied. Vogels vinden hier voedsel en rust. Olie- en gasboringen horen hier niet thuis. Wettelijke bescherming is noodzakelijk.

Tekst 6
Het gaat om een prachtige bouwlocatie die ongekend wonen mogelijk maakt. Een aanlegsteiger voor boten biedt de mogelijkheid voor vele uren vaarplezier.

a Welke tekst geeft objectieve informatie? ....

b Geef bij de andere teksten aan met welk **doel** de informatie is gegeven en wie de opdrachtgever is.

tekst	doel	opdrachtgever
...	....	....
...	....	....
...	....	....
...	....	....
...	....	....

2 Bekijk fig. 2.

Figuur 2 **Gevaarlijke plekken in Breda en omgeving.**

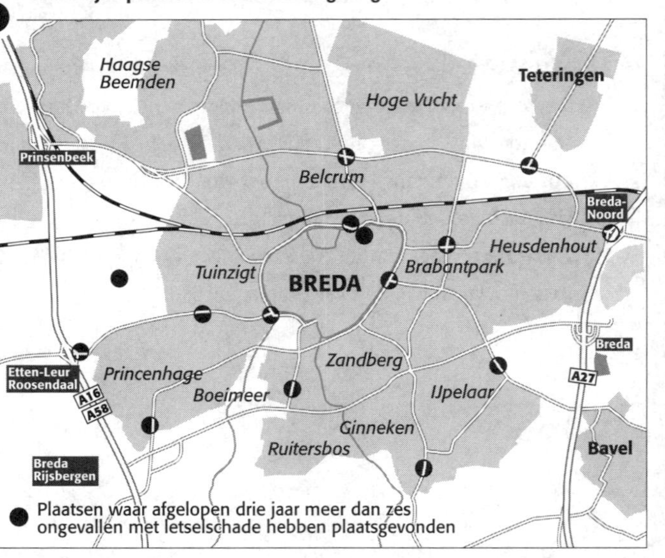

De figuur geeft de plaatsen in Breda aan waar in de laatste drie jaar zes of meer ongevallen met letsel zijn voorgekomen.

a Zou je deze kaart kunnen gebruiken om aan te geven dat Breda een onveilige stad is? ....

b Zijn de straten buiten de zwarte stippen veilig? Verklaar je antwoord. ....

....

....

c Noem een doel waarvoor de volgende organisaties deze kaart kunnen gebruiken.

organisatie	doel: aantonen dat ...
winkeliersvereniging binnenstad	....
politieke partij 'Breda autovrij'	....
school in Princenhage	....

d Bedenk zelf twee belangenorganisaties en geef hun doel aan.

1 ....

doel: ....

....

....

2 ....

doel: ....

3 Lees de inleiding van dit hoofdstuk en bekijk de twee deelvragen
Stel dat het bestuur sterk wil benadrukken dat je woongemeente een veilig woongebied is met veel mogelijkheden voor recreatie en sport.

a Waarom wil het gemeentebestuur dat benadrukken? ....

b Noem drie manieren om de indruk te wekken dat je gemeente een veilig woongebied is. ....

EXTRA: VERKENNING VIA DE LEERLINGENDISK

4 Via het onderdeel Statistiek ga je ervaring opdoen met het **manipuleren** van regionale beelden. Dat doe je aan de hand van de criminaliteitscijfers van COROP-gebieden.

a In welk COROP-gebied is de criminaliteit per 1000 inwoners het hoogst? ....

En waar het laagst? ....

b Geef de resultaten in een kaartje weer.

c Stel je bent burgemeester van Amsterdam. Je wilt een positiever beeld schetsen van de criminaliteit in de agglomeratie Amsterdam. Wijzig de kaart als volgt: 5 categorieën met als klassengrenzen 30-50; 50-70; 70-80; 80-120 en 120-150. Gebruik het thermische palet.
Conclusie? ....

d De burgemeester van Haarlem ziet het kaartje. Hij schrikt. Is het in Haarlem werkelijk zo erg als in Amsterdam? Hoe hoog is in Haarlem het criminaliteitscijfer per 1000 inwoners? ....

Haarlem staat daarmee op de .... plaats van boven.

Wat is het absolute aantal misdrijven? ....

e Kijk naar de absolute cijfers. Breng via 'sorteren' een rangorde aan in de cijfers. Hoe kan de burgemeester van Haarlem een veel positiever beeld van zijn stad schetsen? ....

Presenteer de resultaten opnieuw in een kaartje.

f De Haarlemse hoofdcommissaris van politie wil meer geld om de criminaliteit te bestrijden. Hoe zou hij de gegevens presenteren?

....

ANALYSE

In dit vragenblok ontdek je dat er met regionale beelden gemanipuleerd kan worden en hoe dat gebeurt. Stap voor stap verwerk je de informatie in het handboek en je leert deze kennis op kleine schaal in de opdrachten toe te passen.

ZENDERS EN ONTVANGERS VAN BEELDEN

5 Kruis de juiste uitspraken aan.

- ☐ Zenders geven informatie om bepaalde doelen te bereiken.
- ☐ Ontvangers nemen niet alle informatie op die ze krijgen; ze selecteren.
- ☐ Zenders geven altijd objectieve informatie.
- ☐ Nieuws is altijd objectief.
- ☐ Het regionale beeld van een ontvanger van veel geografische kennis is juist.

6 Zet de volgende voorbeelden van zenders of ontvangers in de juiste kolom: *radiozender; tv-kijker; reclamebureau; Gouden Gids; toerist; reisbureau; leraar; aardrijkskundeboek; Centraal Bureau voor de Statistiek; student; krantenlezer.*

zender

....

ontvanger

....

7 Bekijk GB39EF, 42F, 44B, 45CD, 46B, 52B, 53C en 56I.

a Kies vier kaarten die een reisbureau kan gebruiken om toerisme op Walcheren te promoten. Geef het doel (nut) van de kaart aan.

kaart	doel
....	....
....	....
....	....
....	....

b Noem ook drie kaarten die gebruikt kunnen worden door de programmacommissie van een politieke partij in Zeeland. Geef bij elke kaart het doel aan.

kaart	doel
....	....
....	....
....	....

8 K Bekijk fig. 3 en GB34.

In de figuur staan twee kaartjes over een nieuw stuk snelweg tussen Bergen op Zoom en Rotterdam.

FIGUUR 3 **Aanleg Zoomweg.**

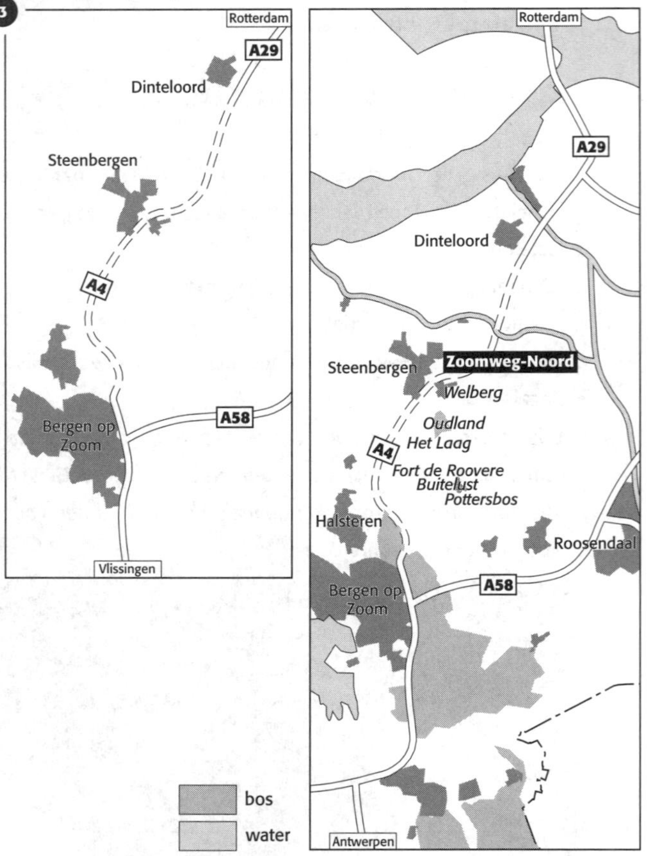

a Geef van de volgende personen aan of zij voor- of tegenstander zijn van de aanleg van de snelweg.

- transportondernemer in Steenbergen: ....
- gepensioneerde inwoner van Welberg: ....
- Steenbergse forens die in Rotterdam werkt: ....
- natuurmedewerker van het Brabants Landschap: ....

....

b Welke kaart in fig. 3 zal door voorstanders gebruikt worden en welke door tegenstanders?

Voorstanders: kaart ....

Tegenstanders: kaart ....

9 Lees clip 1.

a Kruis de juiste begrippen aan die verband houden met **city marketing**.

☐ mentaal beeld;
☐ zender;
☐ stereotype;
☐ verbeteren imago;
☐ objectief regionaal beeld;
☐ negatief regionaal beeld;
☐ benadrukken van positieve zaken.

b O C Stel, je moet een plan maken om een positief beeld van je woongemeente uit te zenden. Noem drie positieve punten die je kunt benadrukken. Gebruik eventueel het onderdeel Statistiek op je Leerlingendisk.

1 ....

....

....

2 ....

....

....

3 ....

....

....

10 K Bekijk GB21 B1 t/m B7.

Je moet voor het gemeentebestuur van Rotterdam een folder maken om de stad met city marketing te promoten. Noem vier kaartjes die je zult gebruiken. Geef ook aan waarom?

kaart	positief beeld

MANIPULEREN DOOR HET WEGLATEN VAN INFORMATIE EN KAARTPROJECTIE

11 K Bekijk fig. 4 en clip 2.

Informatie wordt vaak weggelaten om een gunstig beeld te geven van een gebied.

a Noem uit clip 2 een voorbeeld van manipuleren door het weglaten van informatie. ....

....

b Fig. 4 komt uit een toeristenfolder van Texel. Is Texel zo zonnig als staat aangegeven? Gebruik GB39 voor je controle. ....

FIGUUR 4

Het andere weer van Texel

Texel is anders wat betreft het klimaat. Het waait er harder, maar er is ook meer zon. Toeristen merken dat het weerbericht op Texel niet uitkomt. Vaak horen ze van thuisblijvers dat het daar regent, terwijl op Texel de zon onbelemmerd schijnt, vooral in het voorjaar en de vroege zomer. Je zou kunnen spreken van een super-zeeklimaat.

Vrij naar: Texel Toerist Magazine 96/97.

c Noem een klimaatgegeven dat in vergelijking met Zeeland ongunstiger is en dat niet is vermeld. ....

....

12 Bekijk clip 5. Kruis de juiste uitspraken aan.

☐ Een kaart is een afbeelding van de ronde aarde op een plat vlak.
☐ Een **kaartprojectie** is een techniek om de bolvormige aarde op een plat vlak af te beelden.
☐ De grootte van landen kan het best worden weergegeven met een hoekgetrouwe kaart.
☐ Kaarten bevatten altijd vervormingen.
☐ Reisafstanden zijn goed af te lezen uit een oppervlaktegetrouwe kaart.

13 K Bekijk clip 4 en GB8.

Welke twee kaarten zijn geschikt voor de vergelijking van de oppervlakte van werelddelen?

☐ Projectie van Peters;
☐ Projectie van Goode;
☐ Mercatorprojectie;
☐ Projectie van Winkel;
☐ Gnomonische projectie.

14 K Bekijk GB8AC.

Beide kaarten zijn Mercatorprojecties.

a Noem een land dat wat betreft oppervlakte erg groot wordt afgebeeld. ....

b Waarom wordt in de VS kaart 8C gebruikt en in West-Europa 8A? Noem twee argumenten.

1 ....

....

2 ....

....

15 Bekijk fig. 5.

De bekende geograaf Hartshorne begon zijn eerste les voor nieuwe studenten altijd met een wereldkaart met de zuidpool boven. Wat was zijn doel? Duidelijk maken dat:

- ☐ het kaartbeeld van mensen berust op gewenning;
- ☐ Azië het grootste werelddeel is;
- ☐ het noordelijk halfrond de grootste oppervlakte heeft;
- ☐ een kaartprojectie op velerlei manieren uitgevoerd kan worden;
- ☐ het mentale beeld van de wereld beïnvloed kan worden.

FIGUUR 5 **Een andere kijk op de wereld? Een wereldkaart getekend door Australische geografen.**

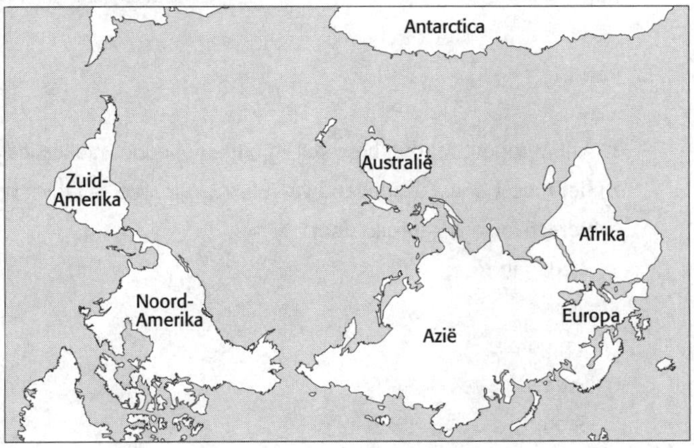

16 K Bekijk clip 4 en bron 3.

a Zoek in de atlas Seoul, het eiland Sachalin, Anchorage en New York.

b M Bekijk GB8.

Op welke atlaskaart liggen Seoul, Sachalin en Anchorage op een rechte lijn zoals op kaart 2 van bron 3?

A 8C

B 8D

C 8E

D 8G

c Wat is de belangrijkste eigenschap van deze projectie?

....

....

MANIPULEREN MET KAARTELEMENTEN, KAARTKLEUREN EN KLASSENGRENZEN

17 Bekijk bron 4 en lees §2.3.

a Welke kaart zal in een schoolboek staan in:

- Israël? ....
- de Palestijnse staat? ....

b Verklaar je keuze. Het conflict tussen Israël en de Palestijnse staat gaat over welke gebieden van wie zijn. Kaart 1 laat niet zien wat tot Israël behoort, kaart 2 wel.

18 Bekijk bron 5.

a Is de toename van het geweld tussen 1950 en 1990 in de twee grafieken gelijk? ....

b Welke grafiek kan een belangenorganisatie die pleit voor meer politie op straat het best gebruiken? Grafiek .., want ....

....

....

19 Bekijk bron 6.

a Welke kaart wekt de indruk dat Tsjaad bedreigd wordt?

....

b K Geeft kaart GB132 ook deze indruk? ....

20 K Bekijk GB60 en 61.

Welk kaartbeeld van Roemenië heeft:

- een Russische minister? Kaart ....
- een Franse minister? Kaart ....

21 Kleuren geven vaak een bepaalde indruk. Ze roepen een beeld op van bijvoorbeeld gevaar, warmtegraad, hoogteligging, vervuiling enz. Kies uit de kleuren: *rood; blauw; groen; geel; oranje; bruin; paars.*

a Noem de kleur die naar jouw mening hoort bij:

- koude: ....
- warmte: ....
- gevaar: ....
- vervuiling: ....
- lage ligging: ....
- veel natuur: ....
- droogte: ....

b K Bekijk GB11K, 15C, 16C, 29, 33, 118 en 119.

Op veel kaarten wordt donkergroen gebruikt om natuur aan te geven. Deze gewenning kan leiden tot misverstanden. In welke kaart(en) is groen geen natuur? Geef aan wat de kleur wel betekent.

- ....
- ....
- ....

22 K Gebruik GB44B, 48D, 52C en 57A.

De vorm en grootte van kaartelementen heeft invloed op het mentale beeld dat ontstaat. Hoe kan de indruk gewekt worden:

- in kaart GB44B dat Nederland nog sterker verstedelijkt is?

....

- in kaart GB48D dat de werkloosheid groter is? ....

....

- in kaart GB52C dat het autoverkeer nog omvangrijker is?

....

- in kaart GB57A dat toevoer voor Nederland minder belangrijk is?

....

23 K Bereikbaarheid met de auto is belangrijk voor winkels. In advertenties wordt goede bereikbaarheid benadrukt om zo meer klanten te trekken. Bekijk fig. 6. Deze kaart en afstandentabel zijn een onderdeel van een advertentie van een woonboulevard in Poortvliet.

a Zoek in de atlas Poortvliet op.

b Controleer met behulp van de atlas de afstanden tot Poortvliet zoals die in de advertentie zijn genoemd. Doe dit voor de afstand hemelsbreed en over de weg. Vul de tabel in.

	afstand in advertentie	afstand hemelsbreed	afstand via de weg
Middelburg	59	....	....
Dordrecht	58	....	....
Breda	49	....	....

c Geeft de advertentie een correct beeld van de werkelijke bereikbaarheid? Verklaar je antwoord. ....

....

....

....

FIGUUR 6 **Een advertentie voor een woonboulevard.**

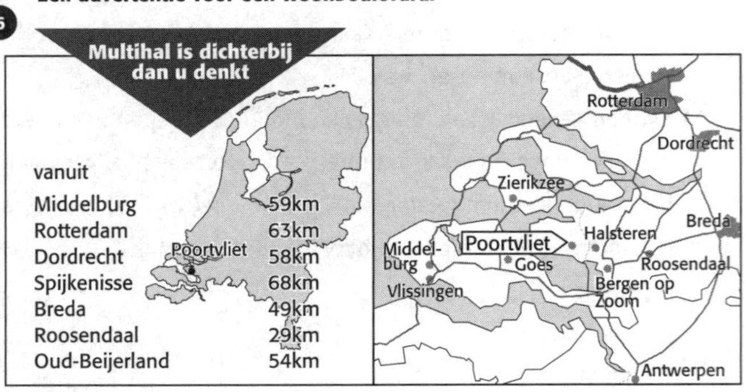

24 [K] Gebruik GB48 en 50.

De Europese Unie geeft subsidie aan economisch achtergebleven gebieden. Friesland is mogelijk zo'n gebied.

a Kies drie kaarten die aangeven dat voor Friesland subsidies terecht zijn. ....

b Kies ook twee kaarten die voor het verkrijgen van subsidie beter niet opgenomen kunnen worden. ....

25 [K] Gebruik GB74.

a Bekijk GB74A. Noem drie landen met de grootste zwaveluitstoot per inwoner. ....

....

b Door het aantal klassen te veranderen, kun je het beeld geven dat deze landen niet de grootste vervuilers zijn. Hoe verander je de klassen? ....

....

c Je kunt met een klassenverandering ook het beeld geven dat Nederland sterker vervuilt. Welke verandering breng je aan?

....

....

d Gebruik GB74EF.

Welke kaart zullen Spanje en Nederland gebruiken als ze een positief beeld willen geven van hun afvalproductie?

- Nederland: ....
- Spanje: ....

e Waarom ontstaat voor Finland een gunstiger beeld als de afvalproductie per km² wordt berekend en niet per inwoner? ....

....

....

....

....

MANIPULEREN MET BEHULP VAN DE LEERLINGENDISK

26 [D] [C] Onderzoek via het onderdeel Statistiek, CBS Data Nederland, de verkeersovertredingen in COROP-gebieden.

a Wat is het absolute aantal overtredingen in jouw regio?

....

En het relatieve aantal overtredingen? ....

....

b Stel, je bent politicus en wilt dat in de begroting extra geld wordt uitgetrokken voor het vergroten van de verkeersveiligheid. Hoe pak je het aan? ....

....

c Maak een kaart waarmee je jouw pleidooi kracht bijzet.

d Stel, je wilt in een gemeentefolder duidelijk maken dat mensen in jouw regio veilig kunnen wonen. Hoe pak je het aan? ....

....

....

e Maak een kaart waarmee je jouw pleidooi kracht bijzet.

27 [D] Gebruik de Leerlingendisk, Statistiek: Data Landen.

a Om een beeld te geven van het ontwikkelingspeil van een land kun je verschillende indicatoren gebruiken. Welke zijn op de disk opgenomen? ....

....

....

....

b Vijf Europese landen beweren in uiteenlopende publicaties dat zij het meest ontwikkelde land van Europa zijn. Welke indicator is achtereenvolgens gebruikt door:

- Nederland? ....
  Score: ....
  Rangorde: ....
- Estland? ....
  Score: ....
  Rangorde: ....
- Malta? ....
  Score: ....
  Rangorde: ....
- Zweden? ....
  Score: ....
  Rangorde: ....
- Italië? ....
  Score: ....
  Rangorde: ....

c Leg uit welke indicator door Rusland niet gauw gebruikt zal worden. ....

Score: .... Rangorde: ....

d Leg uit welke indicator door Albanië niet gauw gebruikt zal worden. ....

Score: .... Rangorde: ....

Reflectie

In dit vragenblok kijken we kort terug op het leerproces. Kun je minder betrouwbare regionale beelden inmiddels onderscheiden van meer betrouwbare? Hoe ga je daarbij te werk? En kun je die kennis vervolgens regionaal toepassen?

28 Vat op een apart blaadje kort en schematisch de kernpunten van dit hoofdstuk samen. Verwerk in die samenvatting in ieder geval de volgende begrippen:

- *doelen;*
- *manipuleren;*
- *manipulatietechnieken;*
- *kaartkenmerken.*

Vergelijk tot slot jouw samenvatting met die in het handboek.

29 Stel, je wilt laten zien dat de provincie Zuid-Holland erg veel groen en natuur heeft en niet vervuild of versteend is.

a Noem een reden die je hiervoor zou kunnen hebben.

b Noem een organisatie die belang heeft bij een groen beeld van Zuid-Holland.

c Noem ontvangers van informatie die een groen beeld positief waarderen.

d [K] Bekijk GB18C, 43D, 44AB, 52C, 53D en 54B.
Noem drie kaarten die je niet zult gebruiken.

Noem drie kaarten die je wel wilt gebruiken.

30 [K] Bekijk GB53G.

a Hoeveel m² bos en natuurterrein heeft een inwoner van Zuid-Holland tot zijn beschikking?

b Waarom kun je deze kaart niet gebruiken voor het geven van een groen beeld van Zuid-Holland?

c Hoe kun je de klassen zo veranderen dat Zuid–Holland er minder negatief uitspringt?

31 Bekijk fig. 7.

a Welke drie onderwerpen laat je weg om een groen beeld van Zuid-Holland te krijgen?

b Welke twee onderwerpen kun je bij elkaar optellen zodat de oppervlakte natuur voor Zuid-Holland groter lijkt?

c [M] Op welke manier kun je grote de woningdichtheid voor Zuid-Holland minder laten lijken in vergelijking met de andere provincies?

A Door twee klassen te gebruiken: 0 – 300 , meer dan 300.

B Door drie klassen te gebruiken: 0 – 100, 100 – 200, meer dan 200.

C Door vier klassen te gebruiken: 0 – 100, 100 – 200, 200 – 300, meer dan 300.

D Door vijf klassen te gebruiken: 0 – 100, 100 – 200, 200 – 300, 300 – 400, meer dan 400.

32 [G] Bespreek in de groep de volgende stellingen:

- Een regionaal beeld moet altijd objectief zijn.
- Het manipuleren van regionale beelden moet kunnen: het doel heiligt de middelen.
- Je kunt er beter maar van uitgaan dat regionale beelden gemanipuleerd zijn. Je moet altijd de zender achterhalen en het beeld controleren.

Wat is jullie conclusie? Presenteer deze op een apart blaadje.

Figuur 7 **enkele gegevens van de Nederlandse provincies**

	water (%)	bos en natuur (%)	oppervlakte in km²	inwoners (× 1000)	bevolkingsdichtheid	woningdichtheid per km²	verharde wegen (totaal aantal km)
Groningen	21,1	4,4	2 347	557	238	101	5 553
Friesland	41,4	11,2	3 360	610	181	74	7 162
Drenthe	1,1	14,5	2 655	455	172	68	6 299
Overijssel	2,4	13,4	3 340	1 051	315	118	10 302
Flevoland	41,0	14,6	1 412	266	184	69	2 941
Gelderland	2,9	22,4	5 015	1 868	373	140	16 175
Utrecht	5,3	14,7	1 359	1 066	784	307	5 257
Noord-Holland	34,5	11,0	2 667	2 469	926	397	11 395
Zuid-Holland	16,8	7,0	2 871	3 326	1 163	485	13 629
Zeeland	38,9	7,2	1 796	366	204	87	6 567
Noord-Brabant	2,9	16,1	4 947	2 280	461	177	19 060
Limburg	1,9	15,3	2 170	1 130	521	207	9 078

DOSSIER REGIONALE TOEPASSING HOOFDSTUK 2

Delta

Koude Oorlog: West-Europa en het vijandbeeld

De in dit hoofdstuk opgedane kennis ga je nu toepassen op de informatie die tijdens de Koude Oorlog over de 'vijand' werd verspreid.

STAP 1: DE ONDERZOEKSVRAAG

1 De *hoofdvraag* is: is in de periode 1950 – 1990 geprobeerd het mentale beeld op te roepen dat de Sovjetunie (SU) een bedreiging vormde voor West-Europa? Zet de volgende *deelvragen* in de juiste volgorde.

.....Welke manipulatietechnieken zijn gebruikt om aan te tonen dat de Sovjetunie gevaarlijk was?

.....Wie hadden belang bij een vijandbeeld van de Sovjetunie?

.....Wat was het doel van het oproepen van het vijandbeeld?

STAP 2: HET ONDERZOEKSPLAN

Omdat de informatie al voor je verzameld is en de opdrachten je door de informatie sturen, hoef je nu geen plan op te stellen.

STAP 3: INFORMATIE VERZAMELEN

2 **K** Welke atlaskaarten geven informatie over de macht van de SU?

☐ GB61A ☐ GB108D ☐ GB111A ☐ GB168A ☐ GB171E

☐ GB61C ☐ GB110A ☐ GB115C ☐ GB168B ☐ GB171G

3 **a** Noem twee bronnen in het dossier die informatie geven over de macht van de SU. ....

b In het dossier is slechts een beperkt aantal bronnen opgenomen. Welke gegevens zou je kunnen gebruiken om het beeld te versterken dat de SU een machtige vijand was? Gegevens over:

☐ het aantal inwoners; ☐ milieuproblemen;

☐ het aantal legerdivisies; ☐ de hoeveelheid grondstoffen.

STAP 4: INFORMATIE VERWERKEN

4 Lees de inleiding van het dossier.

a Welke groepen hadden belang bij een vijandbeeld van de SU?

☐ De militairen van de NAVO: ....

☐ Neutrale landen (Zweden, Zwitserland): ....

☐ Dienstplichtige militairen in Nederland: ....

☐ Regeringen van NAVO-landen: ....

☐ Omwonenden van vliegbasis Woensdrecht waar raketten geplaatst zouden worden: ....

☐ Bedrijven die wapens produceren: ....

b Noteer per groep het doel dat ze nastreven.

5 **K** **M** Welke kaart van GB8 is het beste geschikt om een vijandbeeld op te roepen tussen SU en VS?

A Mercatorprojectie. C Petersprojectie.

B Orthografische projectie. D Projectie van Winkel.

6 **K** Bekijk bron 8 en GB8.

a Welke kaartprojectie is in bron 8 gebruikt? ....

b Waarom roept bron 8 in de VS het beeld op dat de SU een gevaar is? ....

7 Bekijk bron 8. Welke manipulatietechnieken zijn gebruikt?

☐ benadrukken van informatie;

☐ weglaten van informatie;

☐ kaartprojectie die gevaar versterkt;

☐ kaartelementen die gevaar versterken;

☐ kaartkleuren die gevaar versterken;

☐ klassengrenzen die gevaar versterken.

8 Bekijk bron 9 en 10.

a Hoe wordt in bron 9 een vijandbeeld van de SU gegeven? ....

b Wat klopt in bron 9 niet met de informatie in bron 10? ....

STAP 5: BEANTWOORDEN VAN DE ONDERZOEKSVRAAG

9 Wie hadden belang bij een vijandbeeld van de SU?

....

10 Wat was het doel van het oproepen van het vijandbeeld? ....

11 Welke manipulatietechnieken zijn gebruikt om aan te tonen dat de SU gevaarlijk was? ....

STAP 6: AFSLUITING

12 **K** Bekijk GB61C.

a Noem twee argumenten waarom het vijandbeeld van de SU in de periode 1950 – 1990 niet meer van toepassing is. ....

b Voormalige bondgenoten van de SU zoals Polen en Hongarije, willen lid worden van de NAVO. Rusland is hier tegen. Vind je het verstandig dat de NAVO deze landen wil laten toetreden? ....

3 Geografische controle van het regionale beeld

VERKENNING

In de verkenning stel je vragen als:

- **Heb ik als burger in beroep of bestaan geografische kennis nodig?**
- **Neem ik van informatie over een gebied zonder meer aan dat deze geografisch juist is?**

Aan het eind van het hoofdstuk kun je:

Voor een willekeurig gebied een globaal geografisch beeld opstellen en informatie over dit gebied controleren.

WIE GEBRUIKT WELKE GEOGRAFISCHE INFORMATIE?

1 Geef aan wie de volgende geografische informatie zal gebruiken. Kies uit: *makelaar van huizen (m); fruitteler (f); expediteur (e); geoloog (g); medewerker reclamebureau (r); toerist (t)*. Verschillende keuzes zijn mogelijk.

.... Informatie over klimaat, temperatuur en neerslag.
.... Informatie over landschappen en gebergten.
.... Informatie over de opbouw van de bevolking.
.... Informatie over havens, vliegvelden en wegverbindingen.
.... Informatie over taal en gebruiken.
.... Informatie over de hoogte van de inkomens.

2 Bekijk bron 1.
Noem voor elke persoon drie elementen uit de kolom 'inhoud' die hij zal gebruiken.

- Gids voor wandeltochten in Canada: ....
....
....
....
- Exporteur van bloemen naar Japan: ....
....
....
....
- Verpleegkundige in een Afrikaans land: ....
....
....
....
- Baggeraar in het Midden-Oosten: ....
....
....
....

3 Veel reisfolders geven een te rooskleurig beeld. Lees fig. 1. Deze tekst komt uit een reisgids. Noem drie gegevens waarbij het verstandig is ze te controleren met de atlas. ....
....
....
....
....

FIGUUR 1

Vakantiepark Soleil d'Or (La Roche-sur-Yon)

Gelegen op een van de mooiste plekjes aan de Atlantische kust biedt het vakantiepark alles voor een onbezorgde vakantie. Op korte afstand vinden we zee en strand. Het klimaat doet denken aan dat van het Middellandse-Zeegebied. De gemiddelde zomertemperatuur is veel hoger dan in Nederland en er is veel kans op goed weer.
Het vakantiepark ligt in een landelijk gebied, buiten de invloedssfeer van stad en industrie. U vindt er nog de typische sfeer van het Franse platteland. Vanuit Nederland is Soleil d'Or goed met de auto te bereiken.

4 Niet alle informatie die je over je woongebied of over een land ontvangt, is geografisch juist. Geef van de volgende zenders aan of de informatie waarschijnlijk betrouwbaar is (*b*) of gecontroleerd moet worden (*c*).

.... Wegenatlas.
.... Vakantiebrochure.
.... Aardrijkskundeboek.
.... Statistisch handboek.
.... Wervingsfolder voor nieuwe bedrijven.
.... Bestemmingsplan.

5 ☐ Dagelijks ontvang je allerlei informatie over je woongebied. Denk maar eens aan de lokale krant, advertentieblaadjes, folders en lokale televisie.

a Verzamel drie teksten die bijdragen aan een geografisch beeld van je woongebied.

b Geef aan welke elementen van het **10-puntenplan** (bron 1) van toepassing zijn op de teksten.

Extra: verkenning via de Leerlingendisk

6 **C** Op de Leerlingendisk staat het programma *Novib DO IT!* Dit programma bevat *praktische opdrachten*. Kies daaruit op het juiste niveau een opdracht waarmee je een globaal geografisch beeld kunt opstellen van Senegal, Brazilië of Indonesië. Geef de resultaten van die verkenning weer in een multimediale presentatie.

Analyse

Stap voor stap analyseer je in dit vragenblok weer de teksten en bronnen uit het handboek en maak je je het 10-puntenplan eigen. Je oefent veel met de atlas.

Het opstellen van een geografisch beeld met het 10-puntenplan

7 Bekijk bron 2.

Stel, je doet een onderzoek naar een vakantiegebied voor een fietsvakantie. Geef bij elke tekst in fig. 2 aan of het gaat om **verkenning** (*v*), **analyse** (*a*) of **reflectie** (*r*).

Figuur 2

Tekst 1
Je gaat op fietsvakantie. Twee mogelijke gebieden ga je daarom vergelijken. ....

Tekst 2
Met behulp van de hoogtelijnen op een topografische kaart heb je voor beide gebieden een dwarsdoorsnede getekend. Daardoor zijn de hoogteverschillen goed zichtbaar. ....

Tekst 3
Vakantiegebied B is het meest geschikt voor een fietsvakantie, omdat het veel vlakker is dan vakantiegebied A. ....

Tekst 4
Voor de vergelijking van de vakantiegebieden gebruik je topografische kaarten (schaal 1:25 000) met fietspaden erop. Autokaarten zijn niet bruikbaar. ....

8 Bekijk bron 1. Geef bij de volgende zinnen aan op welk punt van het 10-puntenplan de zin betrekking heeft. Kies uit 1 t/m 10.

.... Australië is een van de meest verstedelijkte landen van de wereld. Het merendeel van de bevolking (85%) woont in steden, bijv. Sydney, Perth en Melbourne.

.... In 1995 heeft de Noorse bevolking zich met een kleine meerderheid (52,2%) uitgesproken tegen een lidmaatschap van de Europese Unie.

.... Percentage van de vrouwelijke bevolking dat voortgezet onderwijs volgt.

.... Door de toenemende vergrijzing in Nederland zijn er in de toekomst meer bejaarden- en verpleeghuizen nodig.

.... Frankrijk is ongeveer 13 keer groter dan Nederland.

.... Gemiddeld wonen er in Limburg 521 inwoner per km². In Maastricht is de bevolkingsdichtheid 2118 inwoners per km².

.... Reizend van Purmerend via Zaandijk naar Castricum kom je door de volgende landschappen: droogmakerij, laagveenlandschap en een duinlandschap.

.... De bodem onder en rond de voormalige verffabriek bleek zwaar verontreinigd te zijn.

.... Oostenrijk is een van de Europese landen met het grootste aantal televisies per 1000 inwoners.

.... Venlo is een belangrijke schakel in het wegvervoer tussen Nederland en Duitsland.

9 **K** Bekijk de volgende atlaskaarten over China. Geef per kaart aan op welk kenmerk uit het 10-puntenplan de kaart betrekking heeft. Per kaart zijn er meer antwoorden mogelijk.

GB122: ....

GB124B: ....

GB124C: ....

GB124E: ....

10 Bekijk fig. 3.

In fig. 3 staan de ligging en grootte van Europa en Azië.

a Teken nu met potlood zonder de atlas te gebruiken op basis van jouw wereldbeeld de ligging en grootte van de andere werelddelen.

Figuur 3

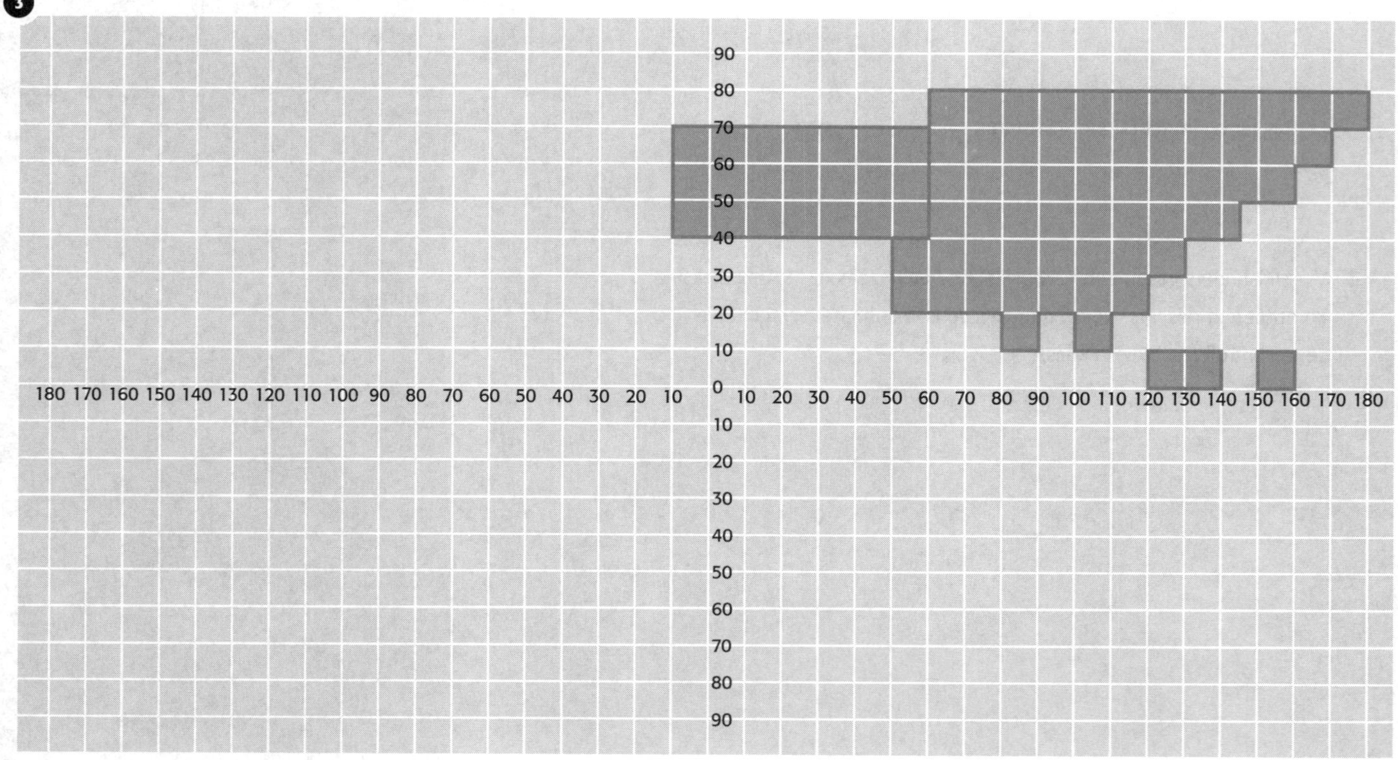

b Doe nu hetzelfde (met rood) op basis van de atlas.

c Wat valt je op? ....

11 **K** Gebruik GB168A, B, C, F.

Geef een beknopt overzicht van de culturele kenmerken van Mexico.

Cultuurgebied: ....

Taal: ....

Godsdienst: ....

Etnische samenstelling van de bevolking: ....

12 **K** Bekijk GB99A.

a Welke twee vormen van bodemaantasting komen in Spanje voor?

1 ....

2 ....

b Hoeveel procent van de Spaanse bodem is aangetast? Maak een schatting op basis van de kaart. ....

c Welk punt uit het 10-puntenplan heb je bestudeerd? ....

13 **K** **a** Bekijk GB57F.

Waarom is hier sprake van een relatie tussen gebieden? ....

b Bekijk GB55, 73 en 88.

Noem drie kaarten die een relatie geven tussen Nederland en Duitsland. ....

14 **K** Bekijk GB66 en 74.

a Welke twee kaarten laten een samenhang zien? ....

b Omschrijf de samenhang die op de kaarten te zien is. ....

Het samenstellen van een compleet geografisch beeld: Finland

15 Lees §2.1.

Horen de volgende uitspraken bij verkenning (*v*), analyse (*a*) of reflectie (*r*)?

.... Met kaarten kun je de bevolkingsspreiding in Finland weergeven.

.... Via Internet kun je economische en politieke informatie over Finland krijgen.

.... Toen Finland lid werd van de Europese Unie vond de EU informatie over de nieuwe lidstaat noodzakelijk.

.... Veel mensen hadden van Finland een eenzijdig beeld: een koud en leeg land. Dit beeld is bijgesteld door de informatiebrochures die door de EU zijn uitgegeven.

16 Kruis de juiste uitspraken aan over de absolute ligging van Finland.

- ☐ Finland ligt op het noordelijk en westelijk halfrond.
- ☐ Ongeveer 30% van het totale oppervlak van Finland ligt boven de poolcirkel.
- ☐ Finland is vijf keer zo groot als Nederland.
- ☐ Finland grenst aan twee zeeën: Botnische Golf en Finse Golf.

17 **K** Bekijk GB62A, B, D en F en GB63, 96 en 97.

Kruis de juiste uitspraken aan over de natuurlijke gebiedskenmerken.

- ☐ De ondergrond van Finland bestaat vooral uit losse sedimenten.
- ☐ De meeste meren bevinden zich in het zuiden van Finland.
- ☐ Finland heeft een continentaal klimaat.
- ☐ Het temperatuurverschil in januari tussen het noorden en het zuiden van Finland is ongeveer 5 °C.
- ☐ De natuurlijk plantengroei van Finland bestaat uit toendravegetatie.
- ☐ Per jaar valt er in Finland ongeveer 500 mm neerslag.
- ☐ Hout is in Finland een belangrijke grondstof.
- ☐ In Noord-Finland zijn er gebieden boven 1000 m hoogte.
- ☐ Noord-Finland is reliëfrijk en ligt voor een belangrijk deel boven 500 m hoogte.

18 **K** Bekijk GB64, 65, 96 en 97.

Welke uitspraken over de menselijke inrichtingskenmerken zijn juist?

- ☐ De meeste en grootste steden liggen in Zuid-Finland.
- ☐ De meeste steden liggen landinwaarts op flinke afstand van de kust.
- ☐ Het industriële kerngebied van Finland ligt tussen Turku en Kotka.
- ☐ Akkerbouw en veeteelt zijn de belangrijkste vormen van grondgebruik in Finland.
- ☐ Akkerbouw vind je in het dichtstbevolkte deel van Finland.
- ☐ Het wegennet is in Zuid-Finland dichter dan in Noord-Finland.

19 **K** **C** Bekijk GB64BC, 69D en 71.

Vul met behulp van deze kaarten en de statistische bijlage in de atlas de demografische kenmerken van Finland in. Voor een deel van de gegevens kun je ook de Leerlingendisk gebruiken. Vermeld er steeds tussen haakjes de gebruikte bron bij, want de gegevens kunnen enigszins afwijken.

Bevolkingsomvang: ....

Geboortecijfer: ....

Sterftecijfer: ....

Migratiesaldo: ....

Bevolkingsgroei: ....

Levensverwachting: ....

Bevolkingsdichtheid: ....

Percentage buitenlanders: ....

20 **K** Bekijk GB69AB en GB71.

Vul de volgende culturele kenmerken van Finland in:

Taal: ....

Godsdienst: ....

Aantal jaren onderwijs: ....

21 **K** Bekijk GB67AB en GB70A, B, H, I.
Raadpleeg voor de economische kenmerken de atlas. Welke uitspraken zijn juist?
☐ De hoogte van het BNP per hoofd van de bevolking in Finland is 35.000 gulden of meer.
☐ Het BNP van Finland neemt toe.
☐ Finland behoort niet tot het economisch kerngebied van Europa.
☐ De werkloosheid in Finland is 12 – 18% van de beroepsbevolking.
☐ Het grootste deel van de Finse beroepsbevolking is werkzaam in de industrie.
☐ De koopkracht van de Finnen is lager dan die van de Nederlanders.
☐ Werknemers in Finland verdienen ongeveer evenveel als werknemers in Nederland.
☐ Het BNP per hoofd van Finland is vergelijkbaar met dat van Italië en Spanje.

22 **K** Bekijk GB74AB.
Bestudeer de ecologische kenmerken.
a Hoeveel zwaveluitstoot is er per inwoner in Finland?
....

b In welk deel van Finland is de zwavelconcentratie het hoogst?
....

c Wordt de hogere zwavelconcentratie in Finland overwegend veroorzaakt door binnenlandse of buitenlandse industriegebieden?
....
....
....

d Noem twee industriegebieden buiten Finland die bijdragen aan de hoge concentratie van zwavel in Finland. ....
....

23 **K** Bekijk voor vraag a en c GB61, 66A, 67A en GB73C, E, F.
Bestudeer de relaties met andere gebieden.
a Noem een voorbeeld van een handelsrelatie tussen Finland en Rusland. ....
b Met welke groep landen zullen de handelsrelaties de laatste vijf jaar zijn toegenomen? ....
c Hoeveel Nederlanders gaan jaarlijks op vakantie in Finland?
....

24 **K** Bekijk GB96 en 97DE.
Noem bij de volgende verschijnselen steeds een ander verschijnsel waarmee het samenhangt.
- Gebieden met veeteelt: ....
- Waterkrachtcentrales: ....
....
- Papier- en houtindustrie: ....
....

REGIONALE BEELDEN VAN GEBIEDEN VERGELIJKEN

25 **K** Bekijk bron 6 en GB92, 93D, 148 en 151A.
Je gaat proberen te achterhalen wat in Zwitserland en Bolivia het verband is tussen de spreiding van de bevolking en de landhoogte.

a Vul de tabel in.

loop gebergteketens: oost – west of noord – zuid?	
Zwitserland	....
Bolivia	....
aandeel hooggebergte (> 2000 m) in het gehele landoppervlak: 25%, 50% of 75%?	
Zwitserland	....
Bolivia	....
bevolkingsdichtheid in hoogste delen	
Zwitserland	....
Bolivia	....
bevolkingsdichtheid in laagste delen	
Zwitserland	....
Bolivia	....
aantal steden met meer dan 100 000 inwoners in delen boven 2000 m	
Zwitserland	....
Bolivia	....

b Waar is de bevolkingsdichtheid van de hoger gelegen gebieden groter: in Zwitserland of in Bolivia? ....
c Zie GB63B en 150B.
Geef hiervoor met behulp van de kaarten een verklaring. ....
....
....

REGIONALE BEELDEN CONTROLEREN

26 **K** Lees §2.3.
Je gaat kijken of het Ruhrgebied de moeite waard is voor een vakantie.
a Bekijk GB73E.
Hoeveel Nederlanders gingen in 1993 op zomervakantie naar Duitsland? ....
b Bekijk GB73B.
Noem drie favoriete vakantiegebieden in Duitsland. ....
....
....

c Tot welk vakantiegebied op GB73B behoort het Ruhrgebied? ....
....

d Bekijk GB88 en 89.
Noem drie kaarten die een negatief regionaal beeld van het Ruhrgebied als vakantiebestemming ondersteunen. ....
....

e Noem vier kaarten die je kunt gebruiken om het Ruhrgebied als vakantiegebied aan te prijzen. ....
....

f Wat vind je zelf van het Ruhrgebied als vakantiegebied? Heb je een positief of negatief regionaal beeld? ....
....
....

Reflectie

Je hebt veel geoefend met regionale beeldvorming. Dat heb je gedaan met het doel om voor een willekeurig gebied een globaal geografisch beeld op te kunnen stellen en geografische beelden die je tegenkomt te kunnen vergelijken en controleren. Welke kennis is nu bruikbaar bij het analyseren van nieuwe regio's?

27 Bestudeer de samenvatting van hoofdstuk 3 in je handboek. Vul aan.
Met het .... plan kun je op een systematische manier informatie over een gebied verzamelen. Dit plan werkt als gereedschap voor het maken, vergelijken of .... van geografische beelden. Als je systematisch te werk gaat, doorloop je drie fasen. Welke? ....

....

28 Geef bij de volgende bronnen uit het handboek aan wat van toepassing is: *een compleet regionaal beeld; vergelijken van gebieden; controleren van een regionaal beeld.* Meer keuzes zijn mogelijk.

- Kaart met de lijn van senator Hoar in de module-inleiding:

....

....

- Clip 1 van hoofdstuk 1:

....

....

- Clip 2 van hoofdstuk 2:

....

....

- Bron 5 van hoofdstuk 3:

....

....

29 K Gebruik GB130 t/m 133, 136, 137, 171 t/m 175.
Het opstellen van een regionaal beeld van een gebied moet soms snel gebeuren. Stel, je werkt voor een reisbureau. Voor de beslissing over een nieuwe vakantiebestemming moet je in korte tijd een regionaal beeld van Madagaskar opstellen. Vul in het schema de belangrijkste kernpunten van het 10-puntenplan in.

30 G **a** Wat zal in de praktijk van alledag vaker voorkomen: *het opstellen van een compleet regionaal beeld; het vergelijken van gebieden; het controleren van een regionaal beeld*? ....

....

....

....

b Ga bij vier klasgenoten na of ze bij de keuze van hun vakantiebestemming een regionaal beeld hebben opgesteld of gecontroleerd.

inhoud		Madagaskar
1	ligging in werelddeel	....
2	• temperatuur januari	....
	• temperatuur juli	....
	• neerslag	....
	• natuurlijke vegetatie/landschap	....
3	• vorm van landbouw	....
	• aanwezigheid industrie	....
	• loop van de wegen	....
4	• bevolkingsaantal	....
	• bevolkingsdichtheid	....
	• bevolkingsspreiding	....
5	• taal	....
6	• BNP per inwoner	....
	• levensomstandigheden (voedsel, drinkwater)	....
	• ontwikkelingsniveau	....

DOSSIER REGIONALE TOEPASSING HOOFDSTUK 3

Delta

Is Noorwegen een alternatief voor een wintersportvakantie?

De kennis uit dit hoofdstuk ga je nu toepassen op Noorwegen. Je gaat het in het Delta-dossier aangeboden regionale beeld op juistheid controleren. Je gaat te werk volgens het Delta-stappenplan en het speciaal voor regionale beeldvorming ontwikkelde 10-puntenplan.

Stap 1: De onderzoeksvraag

1 K De *hoofdvraag* bij deze regionale toepassing is: Is Noorwegen een goede alternatieve wintersportbestemming in vergelijking met Alpenlanden als Zwitserland?
Bestudeer GB73A, B, E.

a Hoeveel Nederlanders gaan in de winter naar Zwitserland?

....

b En naar Noorwegen? ....

c Noem een wintersportplaats in Zwitserland. ....

....

Noem ook een wintersportplaats in Noorwegen.

....

2 Zet de volgende *deelvragen* in de juiste volgorde.

.... Is een Noorse wintersportplaats even sneeuwzeker als een Zwitserse wintersportplaats?

.... Welk deel van Zwitserland en welk deel van Noorwegen zijn geschikt voor wintersport?

.... Zijn de reistijden naar een Zwitserse en Noorse wintersportplaats vergelijkbaar?

Stap 2: Het onderzoeksplan

3 M Op welke manier ga je in dit onderzoek het 10-puntenplan gebruiken?

A Voor het samenstellen van een compleet regionaal beeld.
B Uitsluitend voor het vergelijken van gebieden.
C Voor het vergelijken van gebieden en het controleren van een regionaal beeld.

Stap 3: Informatie verzamelen

4 K Zoek in de atlas kaarten die je nodig hebt om de deelvragen te beantwoorden. Kies uit *GB58; 63; 72; 73; 92; 93; 96; 97.*

....

Stap 4: Informatie verwerken

5 K Bekijk GB92 en 96.

a Boven welke hoogte vind je in Zwitserland vooral wintersport?

....

b En in Noorwegen? ....

c Liggen de wintersportplaatsen uit vraag 1c boven deze hoogte?

....

6 K Bekijk bron 7, 9 en 10 en GB63A.

a Waar valt in de wintersportgebieden meer sneeuw: in Zwitserland of Noorwegen? ....

b Waar is de kans dat de sneeuw blijft liggen het grootst: in Zwitserland of Noorwegen? ....

c Waar is de daglengte het langst in de winter: in Zwitserland of in Noorwegen? ....

7 K Bekijk bron 8 en GB58.

a Hoe groot is de afstand van Utrecht naar Lillehammer?

....

b De afstand naar een Zwitsers wintersportgebied is ten opzichte van Lillehammer *veel groter/iets groter/gelijk/iets kleiner/veel kleiner.*

c Hoe lang duurt de reis per bus of per auto naar Lillehammer?

....

d Schat de reistijd naar een Zwitsers wintersportgebied per bus of per auto. ....

e Wat is het verschil in reistijd naar Lillehammer en het Zwitserse wintersportgebied als je gebruikmaakt van het vliegtuig?

....

Stap 5: Beantwoorden van de onderzoeksvragen

8 Welk deel van Zwitserland en welk deel van Noorwegen zijn geschikt voor wintersport? ....

....

....

9 Is een Noorse wintersportplaats even sneeuwzeker als een Zwitserse wintersportplaats? ....

....

....

10 Bekijk fig. 4.
Is de reistijd naar een Zwitserse en Noorse wintersportplaats vergelijkbaar? ....

....

....

Figuur 4 **De boot naar Noorwegen.**

11 Is Noorwegen vergeleken met Alpenlanden als Zwitserland een goed alternatief voor een wintersportvakantie? ....
Leg uit. ....

Stap 6: Afsluiting

De afsluiting bestaat uit de deelstappen: je eigen mening, de presentatie van het antwoord en de terugblik op het leerproces. We maken hier een keuze.

12 G Een onderzoek door het Noors Verkeersbureau naar de waardering van Noorwegen door Nederlanders, kan wel eens niet zo objectief zijn. Leg uit waarom jullie vinden dat geografische beelden (niet) altijd gecontroleerd moeten worden en de zender (niet) bekend moet zijn.

13 Terugblik: is de verstrekte informatie wel volledig genoeg?

a Noem drie soorten aanvullende informatie die je zou kunnen gebruiken voor de vergelijking tussen de wintersportplaatsen Lillehammer en Sankt Moritz. ....

b Noem twee instanties waar je de aanvullende informatie kunt krijgen. ....

Ruimte voor aantekeningen

Aardrijkskunde in de praktijk

REGIONALE BEELDEN NADER ONDERZOCHT

Voor het zorgvuldig samenstellen of controleren van een geografisch beeld kun je het 10-puntenplan (H3) gebruiken. Ook het Delta-stappenplan kan bij het onderzoek goede diensten bewijzen.

PRAKTISCHE OPDRACHTEN UIT HET HANDBOEK

Maak een keuze uit de praktische opdrachten in het handboek. Werk deze opdracht uit op een apart blaadje. Maak waar wenselijk gebruik van het Delta-stappenplan. Je kunt ook kiezen voor de volgende extra opdracht.

EXTRA: DE LEVENSCYCLUS VAN EEN VAKANTIEGEBIED

In de basisvorming leerde je al dat elk vakantiegebied een fase van opkomst, bloei, verval en herstel kent. Het aantal toeristen, de voorzieningen en ook het regionale beeld zijn in elke periode anders. We breiden hieronder de theorie verder uit (fig. 1).

FIGUUR 1 **De ontwikkelingen van een vakantiegebied.**

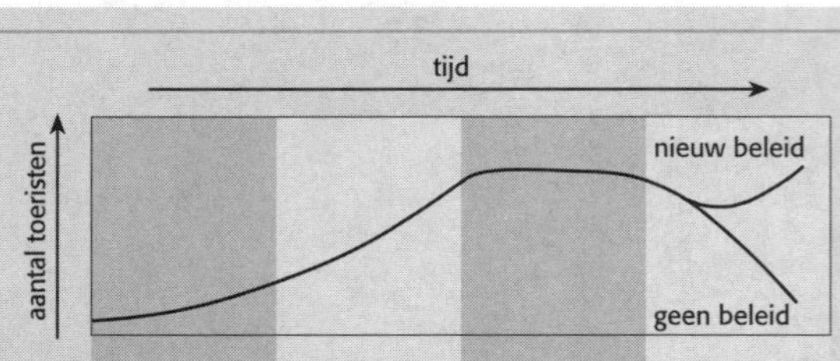

	1 ontdekkingsfase	2 ontwikkelingsfase	3 stagnatiefase	4 heroriënteringsfase
aantal toeristen	weinig	snel groeiend	stagnerend	afname of nieuwe toename
voorzieningen	weinig	groeiend	overcapaciteit	overcapaciteit
regionaal beeld	incompleet	positief	minder positief	negatief, bijstelling noodzakelijk

Fase 1: de ontdekkingsfase
In de ontdekkingsfase is het gebied nog onbekend. Mensen hebben geen regionaal beeld van het gebied of het beeld is erg incompleet. Het gevolg is dat er weinig toeristen naartoe gaan. De mensen die erheen gaan, nemen genoegen met de bestaande, meestal eenvoudige, voorzieningen.

Fase 2: de ontwikkelingsfase
In de ontwikkelingsfase wordt het gebied meer bekend. Steeds meer mensen hebben het beeld van het gebied als een goede vakantiebestemming. De plaatselijke bevolking investeert in nieuwe toeristische voorzieningen zoals hotels. Hierdoor ontstaat een steeds positiever beeld van het vakantiegebied, waardoor het aantal toeristen groeit.

Fase 3: de stagnatiefase
Na verloop van tijd wordt het gebied steeds drukker. Uniforme voorzieningen voor massatoeristen gaan overheersen. Er is verstening en vervuiling. Het gebied krijgt een negatiever beeld waardoor toeristen wegblijven. Door het wegblijven worden de voorzieningen niet meer volledig benut. Er ontstaat overcapaciteit.

Fase 4: de heroriënteringsfase
Er zal iets gedaan moeten worden om het negatieve beeld van het gebied te veranderen. Door nieuwe mogelijkheden zoals actieve vakanties (sport en cultuur) te benadrukken worden mogelijk nieuwe doelgroepen aangetrokken.

TOERISME IN DE PRAKTIJK

Spanje is een echt vakantieland. Vooral de Spaanse kust (Costa's) zijn al lang heel erg in trek. Nu is er echter stagnatie.

Je krijgt de opdracht het beeld van Spanje als vakantieland meer positief te maken.

1 Bekijk fig. 2.

FIGUUR 2 **Aantal Britse vakantiegangers in Spanje tussen 1960 en 1995.**

1960	0,4 miljoen
1970	3,0 miljoen
1980	6,0 miljoen
1985	12,0 miljoen
1990	8, 0 miljoen
1995	7, 0 miljoen

a Teken met behulp van de tabel een lijngrafiek in fig. 3.

FIGUUR 3 **Aantal Britse vakantiegangers in Spanje.**

b Geef in de lijngrafiek de vier toeristische ontwikkelingsfasen aan. Vul de nummers in.

c In welke fase bevindt Spanje zich momenteel? ....

....

d K Bekijk GB73A en B.
Welk type vakantieganger komt vanouds naar Spanje? Noem twee attracties. ....

e Noem drie elementen die in 1960 in een reisfolder voor Spanje hebben gestaan. ....

f Noem drie *nieuwe* elementen die in een reisfolder van 1980 hebben gestaan. ....

....

2 K Bekijk fig. 4 t/m 9 en maak gebruik van GB73, 98 en 99.
Het toerisme in Spanje heeft nieuwe impulsen nodig. Dit betekent dat je het beeld van Spanje als vakantieland moet verbeteren. Er zijn drie mogelijkheden:

1 Voor de zon zoekende toerist het bestaande beeld van Spanje verbeteren.

2 Voor de cultuur zoekende toerist een beeld creëren waarmee je Spanje presenteert als een cultuurland.

3 Voor de avontuurlijk ingestelde vakantieganger een beeld creëren waarmee je Spanje presenteert als een land met bergen en avontuurlijke landschappen.

a Welke figuren kun je gebruiken bij de mogelijkheden 1, 2 en 3? Vul het schema in.

	type toerist	bruikbare figuur
1	zonzoeker	....
2	cultuurzoeker	....
3	avontuurzoeker	....

b Kies een van de drie mogelijkheden en schrijf een tekst voor een reisfolder waarin het nieuwe beeld van Spanje als vakantieland duidelijk naar voren komt. Maak gebruik van de figuren en de atlaskaarten.

Figuur 4 **Aantal Spaanse 'blauwe-vlag-stranden' (1988 – 1995). Een blauwe-vlagstrand is een schoon strand volgens de EU-norm.**

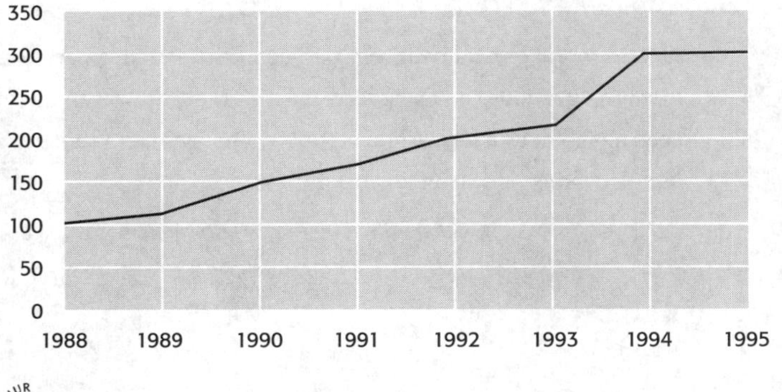

Figuur 5

Het zuiden van Spanje is altijd een van de populairste vakantiebestemmingen geweest. De mooie kustlijn van zandstranden en bergen heeft veel te bieden. Afwisseling is de sleutel voor het succes. Breng u dagen door met lekker zonnen en zwemmen in de Middellandse Zee. Maar verken ook eens een ander deel van Spanje dat fascinerend is. Breng een bezoek aan romantisch Sevilla, historisch Granada, Brits Gibraltar en stijlvol València.

Uit een Engelse reisfolder.

Figuur 6

Tierra sin pan, land zonder brood. Zo wordt de meest noordelijke punt van Extremadura genoemd. Dit is het ruigste deel van Spanje met ondoordringbare begroeiing op steile berghellingen. Het klimaat is hard; het platteland leeg en troosteloos. Hier is iedere wandelaar op zichzelf en op een goede kaart en kompas aangewezen.

Vrij naar: Op lemen voeten.

Figuur 7

Door de UNESCO vastgelegd cultureel erfgoed in Spanje:

- het Alhambra-paleis in Granada;
- de prehistorische grotschilderingen in Altamira;
- de oude binnensteden van La Mancha en Santiago de Compostela;
- El Escorial in Madrid;
- het Romeinse aquaduct in Segovia;
- Nationaal Park Garajonay op de Canarische Eilanden.

Figuur 8

Klauwen in de klei van La Rioja

La Rioja levert niet alleen de prachtigste wijn van Spanje, maar is ook Spanjes eigen Jurassic Parc. Een dinosaurusroute voert langs de 22 belangrijkste steenlagen waarin de voetsporen van de beesten voor de eeuwigheid zijn vastgelegd. Voortschrijdende erosie heeft zóveel sporen van het verre verleden zomaar blootgelegd, dat de ware paleontoloog likkebaardend over de bergen kruipt.

Vrij naar: de Volkskrant.

Figuur 9 **In folders zal men ervoor waken te volle stranden af te beelden.**

3 G Eigen mening.
Een onderzoek door het Spaanse Verkeersbureau naar de waardering van Spanje onder Nederlanders, kan wel eens niet zo objectief zijn. Leg uit waarom jullie vinden dat geografische beelden (niet) altijd gecontroleerd moeten worden en de zender (niet) bekend moet zijn.

DOSSIER REGIONALE TOEPASSING MODULE

Delta

Groningen: een gebied waar ik naartoe wil?

De kennis uit de module ga je toepassen op Groningen. In de inleiding van het dossier kun je lezen dat het regionale beeld van Groningen bij veel Nederlanders niet uitgesproken gunstig is.

Stap 1: De onderzoeksvraag

1 Lees de inleidende tekst bij dit dossier. Wat is de *hoofdvraag* in het dossier? ....

....

....

2 Zet de *deelvragen* in de juiste volgorde. Nummer ze van 1 tot 5.

.... Wat is het gevolg van het regionale beeld van Groningen voor het ruimtelijk gedrag van mensen en bedrijven?

.... Welke elementen in het regionale beeld van Groningen moeten bijgesteld worden?

.... Wat is het regionale beeld dat Nederlanders hebben van Groningen?

.... Waarom is bijstelling van het regionale beeld van Groningen gewenst?

.... Welke zenders kunnen een bijdrage leveren aan het bijstellen van het regionale beeld?

Stap 2: Het onderzoeksplan

3 Bekijk bron 1 van hoofdstuk 3.

a Het 10-puntenplan is bij dit onderdeel belangrijk. Waarvoor ga je het gebruiken? Kies uit: *het opstellen van een compleet regionaal beeld; het vergelijken van gebieden; het controleren van een regionaal beeld.* ....

....

b Noem met behulp van de inleiding van het dossier vier onderdelen uit het 10-puntenplan die onderzocht moeten worden.

1 ....

....

2 ....

....

3 ....

....

4 ....

....

....

Stap 3: Informatie verzamelen

4 **a** Noem drie bronnen in het dossier die iets zeggen over het regionale beeld dat Nederlanders hebben van Groningen. ....

....

b Noem ook drie bronnen die iets zeggen over het ruimtelijk gedrag van mensen en bedrijven. ....

c De atlas biedt veel informatie voor het onderzoek. Zoek drie kaarten die aangeven dat Groningen in Nederland een wat geïsoleerde ligging heeft. Kies uit GB44 t/m 57. ....

....

Stap 4: Informatie verwerken

5 Bekijk de inleiding van het dossier en bron 1, 2 en 12.
Welke uitspraken horen bij het regionale beeld van de provincie Groningen?

- ☐ Groningen is een vlak gebied en vrij koud.
- ☐ Groningen is klei, klei en nog eens klei.
- ☐ Groningen is een vrij leeg gebied met weinig bevolking.
- ☐ Groningen is een vrij stedelijk gebied.
- ☐ Groningen ligt op korte afstand van West-Nederland.

6 K Bekijk bron 5 en GB57D, E.

a Hebben volgens bron 5 (1989) en GB57D ondernemers meer of minder voorkeur voor vestiging in Groningen? ....

b Noem een provincie met een vergelijkbare positie. ....

....

c Is het mentale beeld van Groningen bij ondernemers volgens bron 5 en GB57E de laatste 15 jaar veranderd? ....

....

d Geldt dit voor heel Groningen? ....

....

7 Bekijk bron 13.

a Noem twee elementen van het mentale beeld dat de studente Sylvia Laagakker van Groningen als woonstad had.

....

....

b Noem twee elementen van haar huidige mentale beeld van de stad Groningen. ....

....

....

8 C Vaak wordt gezegd dat Groningen een echt landbouwgebied is met weinig natuur en weinig recreatie. Kijk met behulp van de Leerlingendisk of deze uitspraak klopt. Vul ten aanzien van het *bodemgebruik* de volgende tabel in.

	% oppervlak	rangorde t.o.v. overige provincies (1 = hoogst; 12 = laagst)
agrarisch gebied	....	....
bos en natuur	....	....
recreatie	....	....

9 K Geef bij de volgende kaarten en bron aan of deze vormen van ruimtelijk gedrag horen bij een minder gunstig beeld van Groningen als woon- en werkgebied.

a GB44C3 *ja/nee*
b GB47F5 *ja/nee*
c GB48H *ja/nee*
d GB57F *ja/nee*
e bron 7 *ja/nee*

10 **G** Hoe is het ruimtelijk gedrag van toeristen ten aanzien van Groningen als vakantiegebied?

a Bekijk fig. 1. Ongeveer .... Nederlanders gaan voor binnenlandse vakanties en korte recreatieve verblijven naar de provincie Groningen. Daarmee is Groningen met .... de minst populaire provincie.

b Leg uit in hoeverre die geringe populariteit beïnvloed wordt door het beeld dat vakantiegangers van Groningen hebben. Gebruik in je antwoord de begrippen *mentaal beeld, imago en stereotype.*

....

....

....

....

....

....

....

c Op de Leerlingendisk is te achterhalen waar Groningers vooral naartoe gaan met vakantie. Hoeveel procent van de vakanties brengen Groningers in het buitenland door? .... %. Dit percentage is *lager/hoger* dan het Nederlands gemiddelde. Geef hiervoor twee mogelijke verklaringen.

1 Het welvaartspeil ....

....

....

2 De afstand tot populaire vakantiebestemmingen in Zuid-Europa is

....

FIGUUR 1

Binnenlandse vakanties en korte recreatieve verblijven van Nederlanders, naar bestemmingsprovincie. Het totale aantal is 15 880 000.

totaal aantal binnenlandse vakanties en korte recreatieve verblijven: 15 880 000

■ 100 000 Nederlandse toeristen

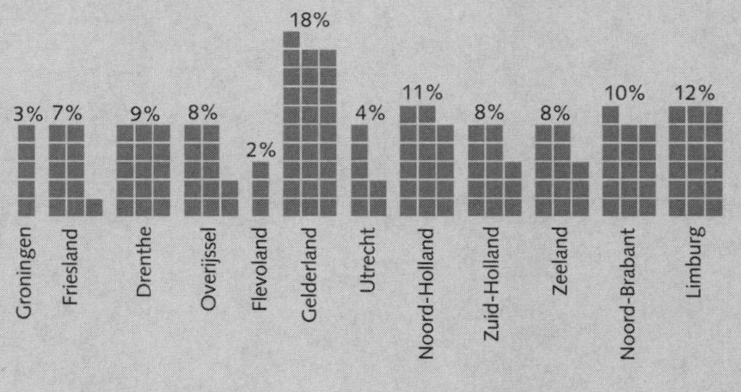

11 **K** **a** Wat wordt door een minder gunstig regionaal beeld van Groningen versterkt? Kies bij de volgende kaarten steeds een negatief gevolg.

kaart	negatief gevolg	volgorde
GB44C3	....	....
GB46D	....	....
GB45D	....	....
GB48D	....	....

b Tussen de verschijnselen zit een oorzakelijk verband. Nummer ze van 1 t/m 4.

12 **K** Bekijk bron 3, 4 en 7 en GB28 en 52.

Het regionale beeld van Groningen moet op veel punten bijgesteld worden. Dit geldt bijv. voor de bereikbaarheid.

a Bekijk GB28.

De afstand tussen Amsterdam en Groningen is 185 km. Welke plaatsen liggen vanuit Amsterdam op gelijke of grotere afstand?

- ☐ Nijmegen;
- ☐ Almelo;
- ☐ Maastricht;
- ☐ Eindhoven;
- ☐ Venlo;
- ☐ Den Helder.
- ☐ Vlissingen;

b Bekijk GB52A.

Welk treintraject vormt de belangrijkste verbinding tussen Groningen en de Randstad? ....

....

c Bekijk GB52B.

Vanaf welk jaar is Groningen helemaal per autosnelweg te bereiken vanuit:

- Amersfoort? ....
- Amsterdam (via Afsluitdijk)? ....
- Arnhem? ....
- Zwolle? ....
- Utrecht? ....

d Is de afstand in tijd tussen Groningen en de Randstad toegenomen, afgenomen of gelijk gebleven? ....

13 Zoek in het dossier drie bronnen die aangeven dat er in Groningen initiatieven zijn om het woonmilieu, het recreatiemilieu en de natuur te verbeteren. ....

14 Bekijk bron 6 en 7 en GB46D, 50E4, en 72A.

Welke voordelen heeft Groningen als vestigingsplaats voor (buitenlandse) bedrijven?

- ☐ Er is een luchthaven in de buurt.
- ☐ Er zijn korte verbindingen met Noord-Duitsland, Scandinavië en Oost-Europa.
- ☐ Er zijn een zeehaven en een industriegebied aanwezig.
- ☐ De lonen zijn relatief hoog.
- ☐ Er zijn flinke subsidies voor de vestiging van bedrijven.
- ☐ Er is goed opgeleid personeel aanwezig.
- ☐ Er zijn ook grote ondernemingen gevestigd.

15 **a** Noem drie zenders die een bijdrage kunnen leveren aan het verbeteren van het regionale beeld van Groningen. ....

....

....

....

....

b Is de informatie van die zenders objectief? ....

DOSSIER REGIONALE TOEPASSING MODULE

Delta

Stap 5: Beantwoorden van de onderzoeksvragen

16 Wat is het regionale beeld dat Nederlanders hebben van Groningen?

17 Wat is het gevolg van het regionale beeld van Groningen voor het ruimtelijk gedrag van mensen en bedrijven?

18 Waarom is bijstelling van het regionale beeld van Groningen gewenst?

19 Welke elementen in het regionale beeld van Groningen moeten bijgesteld worden?

20 Welke zenders kunnen een bijdrage leveren aan het bijstellen van het regionale beeld?

Stap 6: Afsluiting

De afsluiting van een onderzoek bestaat uit deelstappen: je eigen mening, de presentatie van het antwoord en de terugblik op het leerproces.

21 a Kwam het beeld dat je van Groningen had overeen met de inleidende tekst van het dossier?

b Is je beeld van Groningen veranderd?

22 G Ontwerp samen een folder waarin naar voren komt dat Groningen een goede vestigingsplaats is voor bedrijven. Probeer positieve punten extra te benadrukken.

Ruimte voor aantekeningen

Samenhang

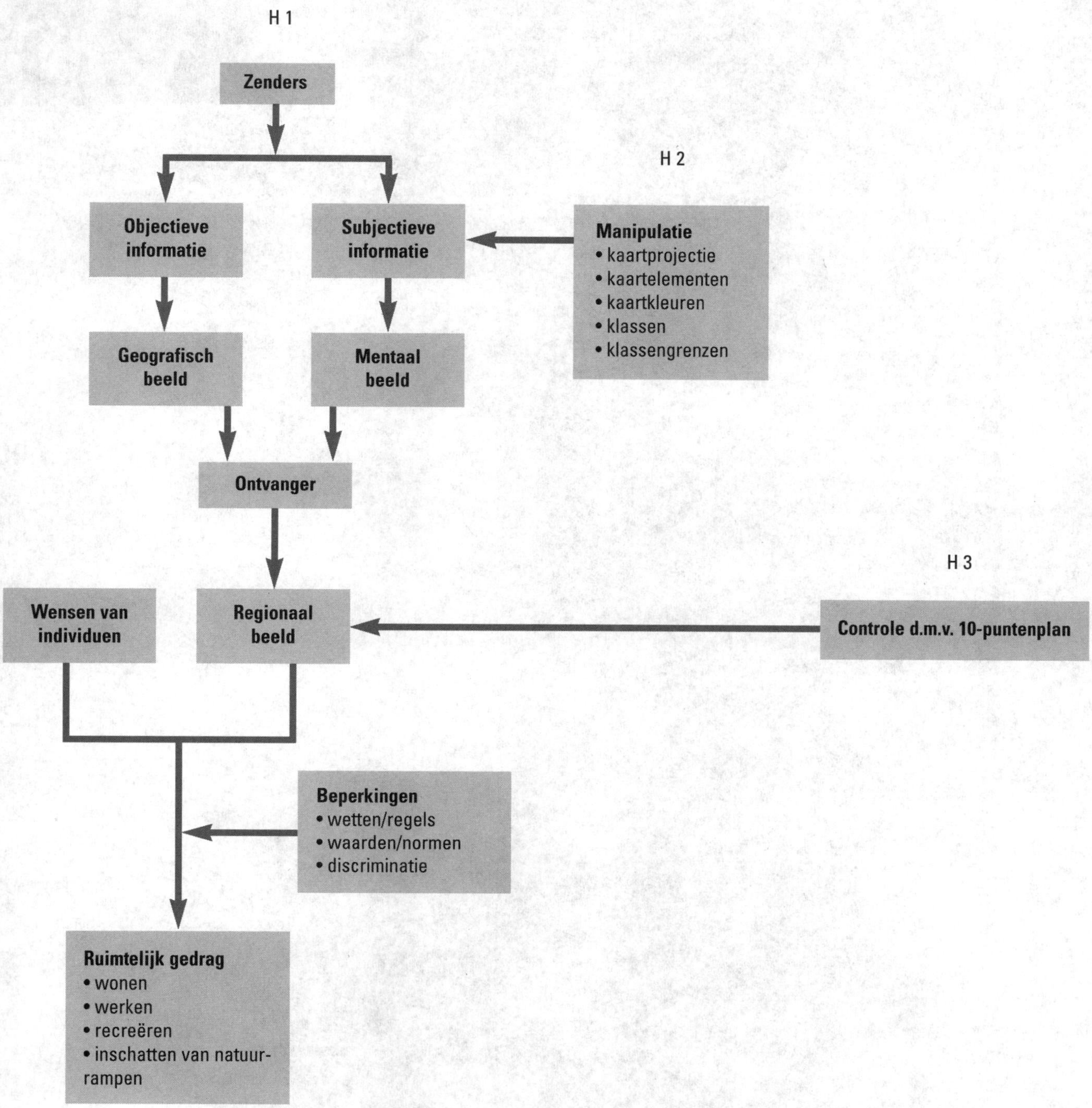
H 1
Zenders
Objectieve informatie
Subjectieve informatie
H 2
Manipulatie
• kaartprojectie
• kaartelementen
• kaartkleuren
• klassen
• klassengrenzen
Geografisch beeld
Mentaal beeld
Ontvanger
H 3
Wensen van individuen
Regionaal beeld
Controle d.m.v. 10-puntenplan
Beperkingen
• wetten/regels
• waarden/normen
• discriminatie
Ruimtelijk gedrag
• wonen
• werken
• recreëren
• inschatten van natuur-rampen

GW GOIRLESE WERKGROEP

Wereldwijs
Aardrijkskunde voor de tweede fase

Wereldwijs is een geheel nieuwe methode voor de tweede fase voor havo en vwo. Toch is er veel herkenbaar, omdat twee veelgebruikte methoden aan haar wieg hebben gestaan: *Wereld in werking* (bovenbouw) en *Wereldwijs voor de basisvorming*. *Wereldwijs* voor de tweede fase biedt een efficiënte examenvoorbereiding door een compacte leerroute, verschillende leertrajecten en een duidelijke vaardighedenlijn. Zelfstandig werken is verder geoptimaliseerd tot leren leren.

Van basisvorming tot examen is een doorgaande Delta-lijn zichtbaar van:

- zelfstandig werken naar zelfstandig leren;
- onderzoeksgericht leren met het Delta-stappenplan voor een onderzoek;
- werken met de Leerlingendisk;
- sterke samenhang met economie en geschiedenis.

Het werkboek *Regionale beeldvorming* wordt gebruikt in combinatie met het katern *Regionale beeldvorming* of de totaaleditie van *Wereldwijs* voor de tweede fase voor havo.
Het onderwerp *Regionale beeldvorming* maakt deel uit van de havo-reeks, bestaande uit:

- Migratie en vervoer
- Politiek en ruimte
- Natuur en milieu
- Regionale beeldvorming
- Onderzoek in de eigen regio
- Examinator aardrijkskunde havo
- Leerlingendisk met o.a. *Novib DO IT!*

malmberg
6 4 1 9

ISBN 90 208 4029 0
9 789020 840292